"中华元典引读丛书"出版委员会

主　任：谢清溪
副主任：纪庆芳　展文婕
委　员（以姓氏笔画为序）：

　　　　马　博　仝一帆　阮林要　李亚涛
　　　　时　海　陈建恩　郑　鑫　胡玲霞
　　　　姜　畅　高枫叶　谌洪波

庄子引读

白本松 王利锁 著

河南大学出版社
HENAN UNIVERSITY PRESS

·郑州·

图书在版编目（CIP）数据

庄子引读 / 白本松, 王利锁著 . -- 郑州：河南大学出版社，2024.7

（中华元典引读丛书 / 李振宏主编）

ISBN 978-7-5649-5899-2

Ⅰ.①庄… Ⅱ.①白…②王… Ⅲ.①《庄子》Ⅳ.① B223.5

中国国家版本馆 CIP 数据核字（2024）第 108666 号

庄子引读
ZHUANGZI YINDU

总　策　划	孔令刚
责任编辑	谌洪波
责任校对	范国东
装帧设计	翟淼淼
出版发行	河南大学出版社
	地址：郑州市郑东新区商务外环中华大厦 2401 号
	邮编：450046　电话：0371-86059701（营销部）
	网址：hupress.henu.edu.cn
排　　版	郑州印之星数字文化产业有限公司
印　　刷	郑州印之星印务有限公司
版　　次	2024 年 7 月第 1 版
印　　次	2024 年 7 月第 1 次印刷
开　　本	889 mm×1194 mm 1/32　印　张　8.875
字　　数	166 千字　　　　　　　定　价　36.00 元

版权所有·侵权必究

本书如有印装质量问题，请与河南大学出版社营销部联系调换。

序

中华元典创生于春秋战国的大变革时代。自夏以来的中国早期文明社会，到周代的分封制度达到成熟阶段，这一社会形态的国家政体是贵族制。以中央王朝的国君即天子为一权力主体，以公卿士大夫即贵族为另一权力主体，世袭国君和世袭贵族通过宗亲和姻亲血缘纽带组成一个统治网络，代代相传、永恒不变地占据着国家政治生活、经济生活和文化精神生活的中心。这样一个贵族制社会从夏开始，一直延续了一千多年，到公元前770年周平王东迁，终于走向了它的衰落和蜕变。平王东迁作为一个象征性事件，标志着一个新时代的开端。春秋时期，王室衰微，礼崩乐坏，历史表面的混乱局面，掩盖着深层的历史潜流，人们往往用"春秋无义战"来描述这个时代；但历史一进入战国时期，其演变的本质便显示出来。战国时期各国变法的主流揭示，从春秋开始的这场历史大动荡，预示着一个崭新的历史时代的到来，它是一场社会形态的变革，是中国历史从贵族政治向官僚政治的过渡。

大凡历史剧烈动荡的岁月，给人们的启迪也往往更加丰富和深刻。历史的大动荡，亵渎了一切传统的神圣的东西。传统的政治体制逐渐坍塌，传统的意识形态、社会观念、思想文化遇到了前所未有的挑战。历史何以会发生这样剧烈的变革和动荡，在动荡中崩溃的社会应该以怎样的模式重新塑造等等，一系列带有世界观、历史观、社会观性质的问题，逼迫着人们去思考，去回答。于是，在思想文化领域，展开了一场长达三百年的百家争鸣。正是在这场反省历史、洞察现实、描绘未来的思想运动中，古圣先贤们为我们提供了一批支配后世民族文化发展的中华元典。这批中华元典，诸如《周易》《诗经》《尚书》《春秋》《礼记》《老子》《庄子》《论语》《墨子》《管子》《商君书》《韩非子》等等，是夏商周以来古典传统文化的积淀和结晶，又是新旧时代交替的历史启迪；它既积累了中华先民两千年文明史的卓越智慧，又是对一个新的历史进程的揭示和预见，充当了一个新时代的号角和先声。

中华元典是春秋战国这个特定时代的产物。一方面，社会历史在政治、经济上所经历的深刻变迁，给当时的思想家们以深刻的历史启迪，使其著作具有其他时代所无法比拟的深刻性；另一方面，传统社会坍塌的剧烈震撼，促使人们从历史的根本点上思考问题，从而使当时人们所提出的问题，多具有世界观、历史观和人生观的性质，具有比较广泛的普遍性价值或意义。

三十年前，冯天瑜先生在《元典文化丛书·序》中说：

> 历史的辩证法反复昭示：发展不是简单的生长和增进，它往往不一定呈直线式进步，而是通过一系列螺旋式圈层实现的。这样"回复"便不总是重复往昔，而可能是一种上升的形式，是"唤醒"事物在其开端时即已蕴蓄着的可能性的一种形式。作为由具有自觉意识的人类创造的文化，也生动地展现着螺旋式的发展轨迹，如欧洲"文艺复兴"的崇尚古希腊、"宗教改革"的服膺《圣经》，便是对"元典精神"的发扬和再造，而欧洲文化正是在这种"回复"中赢得历史性进步的。这种向"文化元典"汲取灵感，获得前进基点的现象在中国也多次出现，著名的"古文运动"便是典型事例。考之以中国近现代思想文化史，这种"返本开新""以复古为解放"，即回归元典精神以求新变的情形也俯拾即是。

冯天瑜先生所讲人类思想史上这种不断发生的"返本开新"现象，佐证了元典的不朽性。的确，中国先秦时代所产生的文化元典，就有其不朽性。大致说，元典的不朽性主要取决于两个方面：

其一，它所提出的问题具有普遍性意义，是不同时代人们所关注的共同性问题，处在不同历史条件下的人们，都能从元典的阐述中汲取智慧，都能使自己的思考追溯到人类智慧的最初观照。譬如在元典中一再提出的如下问题："天人之辨"（人与自然的关系）、"人性之辨"（关于人的本性善恶的思考）、"义利之辨"（社会道义与经济利益的关系）、"刑礼之辨"（刑法治理与礼制教化的关系）等等，这些问题对于两千多年的传统社会来说，无疑都是不朽的课题，像"天人之辨""人性之辨""义利之辨"等，还具有普遍的人类意义。

其二，"中华元典"的不朽性，还在于它对以上基本问题的解决，给后人的思考提供了一种具有高度抽象性的哲理性回答，从而使人们可以从各种角度受到它的启迪。在人类认识的早期时代，人们还不可能对自然界和社会进行解剖、分析，自然界和人类社会只能被作为一个整体去观察，从而得出混沌的整体性认识。这种认识，一方面有它不精确不完善的特点，而另一方面则使它有可能包含了对自然界和人类社会整体联系性的不少天才猜测。例如《老子》中的"道"，《周易》中的运动观、发展观、变易观，《论语》中孔子的仁学思想体系，等等，都是对自然变化之道，人的社会属性的整体性、哲理性把握；而这种把握，则是其后人们借以展开自己思想的重要基础。"中华元典"在后世人们借以发挥自己思想创造的过程中，一再证明着自己的生命力和不朽性。

然而，从历史唯物主义的观点看问题，"中华元典"也不可避免地具有其历史局限性，世界上没有任何一种理论观点、学说体系具有超历史的价值和意义。每一时代的理论思维，"都是一种历史的产物"，都有它所适应的、能够发挥其作用的历史环境；一旦历史条件发生了根本性的变更，它的作用就将丧失或者发生相应的改变。"中华元典"作为一种理论思维的历史成果，它的基本内容，它所提出的各种命题的具体内涵，都不能不具有这种历史性质。这个历史性，既是它在其后两千多年传统社会中能够发挥重要作用的原因，也同时决定了它的局限性。解读和阐释文化元典，就是发扬或转换其不朽性，而正视其局限性，以确保在文化传承中保持清醒的头脑，秉持科学的态度。

解读元典文化精神，研究、传承和弘扬优秀传统文化的工作，已经进行了很多年，有了颇为丰硕的成果。然反省其研究状况，还是存在某些缺憾。

一是研究大多还集中在知识精英阶层，而把对元典思想的阐释变成广大社会公众的精神食粮，还有许多工作要做。

二是就社会大众的元典文化阅读来说，所做的工作多是集中在直接的普及方面,侧重对元典文献的注释或翻译,以为社会大众借助白话读本就可以进入元典精神的世界,就完成了元典文化的普及,而这是有认识上的误区的。

三是社会大众直接阅读元典译本,并不能对元典文化的历史作用有深刻的认识,而研究元典文化或者普及元典文化精神,其最终目的是帮助社会大众认识我们的文化国情,使人们知道民族精神的来龙去脉,知道今人的思想、思维、价值观念、心理观念之来源,清醒而理智地看待传统文化,继承和弘扬优秀传统文化。

河南大学出版社策划出版的这套"中华元典引读丛书",目的就在于弥补以上缺憾。这套丛书的特色是:读者一书在手,既可窥见一部元典的思想要旨,又可明了其全方位历史影响,进入元典文化生成与发展的历史世界。这是真正地认识中华元典文化精神的导读丛书,是写给普通读者的书。

既是为社会大众提供适宜的元典导读,就必须在著作的科学性、导向性上下功夫。我们力求用充分辩证的科学理性去阐释元典文化的基本精神,对元典著作积极的或消极的文化影响,都给予尽可能全面的历史评说,使普通读者懂得如何从积极的方面对传统文化进行扬弃和取舍。因此,冷静的历史思辨色彩,成为这套丛书在著述风格上的重要特色。此外，我们还要求作者从以往学术著作引经据典、旁征博引、烦琐考证的传统文风中解脱出来，采用夹叙夹议、以议论为主的散体笔法，无论是对元典内涵的揭示，还是对其历史价值或历史影响的阐述，都尽可能结合具体生动的历史事例来展开，力求做到深入浅出，引人入胜。

现在丛书就要出版了，作者们贡献了自己的辛勤劳动、学识和智慧，但是否真的能够实现丛书的编写初衷，它的效果究竟如何，就交给亲爱的读者去判断了。

李振宏

2023 年 12 月 10 日于开封

目 录

一 庄子其人与《庄子》其书 / 1
  1.庄子其人 / 2
  2.《庄子》其书 / 7

二 《庄子》思想概述 / 20
  1."游乎四海之外"——《庄子》的人生哲学 / 21
  2."方今之时,仅免刑焉"——《庄子》的社会思想 / 38
  3."恑恑憰怪,道通为一"——《庄子》的自然哲学 / 49
  4."荒唐之言,无端崖之辞"——《庄子》的文学成就 / 72

三 《庄子》与中国传统思想 / 95
  1.《庄子》与荀卿之儒 / 96
  2.《庄子》与两汉经学 / 103
  3.《庄子》与魏晋玄学 / 107
  4.《庄子》与唐代儒学 / 116
  5.《庄子》与宋明理学 / 119

四　《庄子》与传统文士的人格心理 / 133
　　1.《庄子》与汉代文士的人格心理 / 134
　　2. 魏晋文士人格心理的庄学化 / 139
　　3. 唐宋以来文士人格心理的新特点 / 151
　　4. 几点启示 / 164

五　《庄子》与中国传统宗教 / 167
　　1.《庄子》与道教 / 168
　　2.《庄子》与佛教禅宗 / 182

六　《庄子》与中国艺术精神 / 195
　　1. 从哲学思想到艺术精神的转变 / 196
　　2. 构成中国艺术精神的几种基本观念 / 201

七　《庄子》与中国文学 / 214
　　1.《庄子》的批判精神与后世文学创作 / 215
　　2. 庄、屈浪漫主义特色比较 / 228
　　3.《庄子》浪漫主义风格与后世文学创作 / 232
　　4.《庄子》与中国古代诗体的发展 / 244

八　《庄子》与中国传统医学 / 251
　　1.《庄子》与中医学基本理论 / 252

2.《庄子》与气功医学 / 258

3.《庄子》与中医养生学及其他 / 262

一　庄子其人与《庄子》其书

春秋战国时期是中华文化精神的重要奠基期,是德国著名存在主义哲学家雅斯贝斯所说的中国社会文化发展的"轴心时代"。这个时期产生了一大批对中国传统社会影响深远的文化巨人和巨著,他们犹如灿烂的群星,照耀着中华文化的历史进程,对中华文化特质的铸造和中华民族精神的形成,都起到了程度不同的决定性的作用。这些巨人,堪称上古时代中华民族的优秀代表;这些巨著,正是上古时代中华民族智慧的结晶。在这为数众多的足以使后人引以为自豪的巨人与巨著中,被论者赞为"一代之奇才"(宋·高似孙《子略》)的庄子其人与被誉为"百家之冠"(晋·郭象《庄子序》)的《庄子》其书,具有耀眼的地位,作出了独特的贡献。

1. 庄子其人

先秦时代的绝大多数思想家的生平资料，在现存的历史典籍中保存甚少，尤其是道家人物，更是如此。因此，后人不可能对他们的生活历程和行踪事迹作比较完整的、系统的、具体的叙述。这就使得他们的生平事迹，在今天看来带有扑朔迷离的特点。就庄子来说，现存唯一比较可靠的资料，就是司马迁《史记·老子韩非列传》中所附的仅有230余字的《庄子列传》。除此之外，虽然在《庄子》一书中有关庄子的记载有30则之多，但那些"事迹"大部分为寓言，不能作为考证庄子生平的资料来使用；只有少数故事，与《史记》以及《庄子·天下》等所记载的庄子生活性格和思想比较接近，或者说透露出一些庄子生活的真实信息，学者们认为有比较大的可信性，可以作为了解庄子生平的参考。下面，我们就根据《史记》和《庄子》中有关庄子的这些比较可信的记述，对庄子生平作一简单的介绍。

庄子姓庄名周，是战国时宋国蒙（今河南商丘东北）人，其生卒年月不可确考（近人有多种说法，大致都在公元前375年到前275年之间），活动的主要年代在齐宣王、梁惠王时期，与儒家学派的代表人物孟子为同时代人，相当于战国中期。他早年曾做过管理漆园的小官，后隐居不仕。楚王听说他很有才能，曾派使者带着厚礼去聘请他做国相，但被他拒绝。他笑着对使者说："您难道没有见过供祭祀用的牺牛吗？活着时人们对它精心喂养，给它佩上华丽的衣饰，但是当祭祀时，就要把它送入太庙杀死，充当祭品。这时它再想做个一般的牛，还能办得到吗？您还是赶快离开吧，不要玷污我。我宁肯在贫贱中生活，也不愿被国君所束缚。我要一辈子不做官，来实现自己的志向。"（《史记·老子韩非列传》）他的"志向"就是追求个人的自由幸福。这点在后面介绍庄子思想时我们再详细论述。

因为庄子不愿做官，甘居贫贱，所以他一生都是在穷困潦倒中度过的。他主要靠打草鞋和钓鱼为生，有时不得不向友人借贷；他穿粗布衣裳，有时还得打上几个补丁；他住在穷间陋巷，有时竟饿得面黄肌瘦，精神疲惫不堪。尽管如此，他仍然鄙薄富贵，视之如腐鼠。他的好友惠施在梁国为相，一次他前去相会，有人在惠子面前挑拨说，庄子这次来梁国，就是想要代替你做国相。于是惠子感到有些慌恐，在国内搜寻庄子，一直搜了三天三夜。庄子便去见他，并对他说："南方有一种鸟，名叫鹓鶵，您听说过吗？鹓鶵从南海出发，向北海飞翔，一路上不是高大的梧桐树它就不落在上面休息，不是纯洁的竹子果实它就不吃，不是甘美的醴泉之水它就不喝。这时有只猫头鹰拣到一只腐烂的老鼠，鹓鶵正好飞过，猫头鹰以为鹓鶵要来抢夺它的腐鼠,仰起头来瞪着鹓鶵叫喊:'吓!'现在您想用你的梁国来'吓'我吗?"(《庄子·秋水》,下引《庄子》仅随文注明篇名)在这个故事中,庄子以鹓鶵自比,用猫头鹰来比惠施,从而使读者清楚地看到以惠施与庄子为代表的两种不同人物的迥然不同的心态。

大概是由于惠施的介绍,庄子在梁国会见了魏王。魏王看见他衣衫褴褛,便问他:"先生怎么这样疲困啊?"庄子回答说:"我这是贫穷啊!不是疲困。士人徒有理想且道德高尚,但却不能施展才能,这是疲困;衣破鞋烂,这是贫穷,而不是疲困,这就叫生不逢时啊!大王难道没有见过那些善于腾跃的猿猴吗?当它们在楠、梓、豫、樟等大树上时,攀枝缘条,自由自在,独霸一方,就是善射的羿和逢蒙也对它无可奈何。但当它跌落在长满柘、棘、枳、枸等多刺的荆棘丛中时,就会小心谨慎、胆战心惊,不敢随便走动。这不是因为它的筋骨不再柔软灵便,而是因为处在困难的环境中,不能够施展它的才能啊!我现在处在昏君在位,奸相弄权的时代,想不疲困能办得到吗?殷末的比干被剖心,就是一个显明的例证啊!"(《山木》)这个故事不仅说明了庄子的贫困不被人理解,以及造成贫困的社会根源,同时还委婉地告诉人们,他不愿做官是害怕落得比干的下场。

庄子博览群书,学多识广,受老子思想影响较深,是道家学派的重要代表人物。他善于写作，长于辩论。他的好友惠施是当时名辩学派的著名人物，两人虽然生活态度和学术观点很不相同，经常辩论，唇枪舌剑，互不相让，但感情非常深厚。惠施死后，庄子有次经过惠施的坟墓，对跟从他的人说："有个郢人鼻尖上沾了一点白灰，像苍蝇的翅翼那么薄，让一位匠人石替他削掉。匠石挥动斧子呼呼作响，郢人一动不动地任凭他砍削。结果白灰削得干干净净，鼻子一点也没受到伤害，而郢人站在那里，面不改色，坦然相对。宋元君听到这件事后，把匠石找来说：'请你再给我试试。'匠石说：'我曾经可以做到，但是现在能让我砍削鼻子的那个人死了很久了。'自从惠子死后，我也没有对手了，我没有能够谈论的对手了！"(《徐无鬼》)由这个故事可以看出，庄子是一位很讲友谊也重感情的人。

庄子虽然一生穷困，饥寒交迫，但他心情宁静，自得其乐，善于排解苦痛，以达观的态度对待各种事变，甚至对生死问题也是如此。《至乐》篇记载，庄子的妻子死了，惠子前去吊丧，看到庄子正两腿叉开坐在地上，敲着瓦盆唱歌。惠子责备他说："和妻子相处一辈子，她为你生儿育女，现在年老身死，你不哭也就够了，还敲着盆子唱歌，这不是太过分了吗？"庄子说："不是这样的。当她刚死的时候，我怎么能不悲伤呢？但我又察觉到她本来是没有生命的，不仅没有生命，而且没有形体；不仅没有形体，而且没有气。混杂在恍恍惚惚之间，变化而产生了气，气变化而成形体，形体变化而有了生命。现在又变化而为死亡，这样变来变去，就好像一年四季春夏秋冬运行一样。人家将要静静地安息在天地这所房子里，我却跟着嗷嗷地哭，我认为这样就是不通达命运之理，所以停止了哀痛。"庄子认为生老病死，人生之常，客观之理，死是找到了最后的归宿，他对生死问题的这番妙论，在当时确实是超乎一般人之上的。正因为如此，庄子是中国历史上明确主张薄葬的先驱者之一。《列御寇》篇说，庄子将要死的时候，他的学生想要厚葬他。庄子对他们说："我用天地做棺椁，用日月做双璧，星辰做珠玑，万物做殉葬。我的葬礼还不够完备吗？还有什么比这更多更好的呢？"学生们说："我们害怕乌鸦、老鹰吃了您啊！"庄子说："露天而葬，让乌鸦、老鹰吃，埋在地下，让蝼蛄、蚂蚁吃。从乌鸦、老鹰嘴里抢过来送给蝼蛄、蚂蚁，为什么要这样偏心呢？"像庄子这样在死亡面前仍然能保持平静的心境，处之泰然的人，还有什么世俗的烦恼、人生的痛苦不能摆脱呢？那么，庄子为什么能达到"喜怒哀乐不入于胸次"这样高超的精神境界呢？这同下面我们将要重点谈到的他的崇尚自然、安命处顺的哲学思想有密切关系。

由上述一些零碎的事实，我们可以看出，庄子是一个出身于没落贵族家庭而能自食其力的知识分子（崔大华先生提出"庄子可能是楚国贵族后裔"的推断，值得重视。见崔大华《庄学研究》第29—31页），他对当时社会极度不满，不愿与统治者合作，宁肯甘守贫贱也终生不仕。他的这种特殊的身世和生活遭遇，对他的思想有决定性的影响，在以后的叙述中将会看到，他的思想观点无不打着他的身世和生活时代的烙印。

2.《庄子》其书

据班固《汉书·艺文志》记载，《庄子》一书原有52篇。这可称为古本《庄子》，大概是西汉末年刘向在校理古籍时编定的。到魏晋时代，玄学大兴，注《庄》者蜂起。在郭象注《庄子》之前，已有数十家（《晋书·郭象传》）。这些注本，有些是全注本，有些是选注本。据唐代陆德明《经典释文序录》中记载，他见到的全注本有司马彪的21卷本和孟氏的18卷本，均有52篇，保存了古本原貌。选注本主要有崔譔的10卷27篇本，向秀的20卷26篇（一作27篇，一作28篇）本，郭象的33卷33篇本，李颐的30卷30篇本。因为郭象的注释思想精深，为世人所重，唐以后成为社会上流传的通行本，其他注本读者渐少，遂至亡佚。所以，我们今天见到的《庄子》均为郭象的选定本。

今本《庄子》33篇，分为三类编排，即内篇7篇，外篇15篇，杂篇11篇。这种分类法也非古本所固有。有资料表明，汉时《庄子》有内、外篇之分（参看《经典释文·庄子音义·齐物论》"夫道未始有封"句下引崔譔注），但未见有杂篇的记载。内、外、杂三分法，就现有资料看，应为晋代司马彪所首创。他注的《庄子》52篇，分为内篇7篇，外篇28篇，杂篇14篇，解说3篇。其中解说3篇，据后人考证当是解说庄子的著作，不应当划在《庄子》之内，《庄子》原文实际上只有49篇。郭象的分类是在司马彪注本的基础上进行的，经过取舍，保留了原文33篇，其中外篇删去13篇，杂篇删去3篇。因为在郭象看来，原本《庄子》中有些文章，是"一曲之才，妄窜奇说"，非庄子所为，应当删去。这种认识在当时并非罕见，正像唐代陆德明《经典释文序录》所说：古本庄子，"言多诡诞，或似《山海经》，或类《占梦书》，故注者以意去取。其内篇众家并同，自余或有外而无杂"。

《庄子》的内篇与外、杂篇在文章标题上有个明显的区别，内篇7篇的标题均为3个字，且都是以意命篇，标题都提示了文章的中心思想；外、杂篇则不然，标题均和文章内容无紧密关系，而是取开头一句中的两字或三字为之。这个区别在后世的学术公案中具有特殊的意义，成为庄学研究家们判定文章真伪的一条重要标准，尽管他们的结论有时是完全相反的。如清人林云铭主张内篇为庄子自著,外、杂篇非庄子所著的,其《庄子因·庄子总论》说:"内七篇是有题目之文,为庄子所手订者;外篇、杂篇各取篇首两字名篇,是无题目之文,乃后人取庄子杂著而编次之者……然则或曰外,或曰杂,何也?当日订《庄》之意,以文义易晓,一意单行者,列之于前而名外,以词意难解、众意兼发者置之于后而名杂,故其错综无次如此。"但也有学者观点恰恰相反,认为内篇非庄子所作,外、杂篇才是庄子之文,如任继愈主编《中国哲学发展史(先秦卷)》即说"从基本倾向看,以外、杂篇代表庄子思想,以内篇代表后期庄学思想是比较接近事实真象的"(第385—386页),其理由之一就是由文章从无题到有题的发展规律看,外、杂篇以开篇首句两字作题,保存古例;内篇为有题目之文,从时代上看,当晚于外、杂篇,所以不应是庄子所作。其实,这两种说法都是猜测,并无实证,作为论据都比较软弱无力。

关于《庄子》33篇的辨伪,可溯源到北宋的大文学家苏轼。唐时人们一般认为《庄子》古本中有伪作,至于郭象注的33篇,则认为是真品,即都是庄子本人的作品。这种观点一直到苏轼时才发生变化。苏轼在《庄子祠堂记》这篇短文中,首次提出《盗跖》《渔父》《让王》《说剑》4篇不是庄子所作。因为在苏轼看来,庄子对孔子是非常尊敬的,只不过表现形式特殊,是"阳挤而阴助之",而"《盗跖》《渔父》,则若真诋孔子者。至于《让王》《说剑》,皆浅陋不入于道",所以都是伪品。苏轼此论一出,影响极大,后人争相辨伪,历代不绝,且有增无减,所指伪作的篇数也愈来愈多,以至形成了一种传统观点,即认为除内篇7篇之外,外、杂篇均是伪品。当然,坚持《庄子》书中无伪作的观点的人也有,如明末谭元春《庄子南华真经》就认为《庄子》一书应是庄子平生所著文章总集,既非一时之作,又不专主一家,所以既有"曼衍纵深、峭栗华畅"之篇,也有"筋弩肉缓、气绵力薄"之作,但都是庄子本人所为,不当妄指某篇为伪。不过这种观点过于偏狭,因而不被人们重视,影响很小。

　　这种辨伪显然存在一个问题,即所谓的真伪是指文章是否庄子本人所写而言,凡是认定是庄子所写的就是真品,凡是认为不是庄子所写的就是伪作,但是要确切判定哪些为庄子所作并非容易。因为《庄子》的所有文章中,都没有足以表明某篇为庄子所作的明显标志,甚至也没有暗示,即使是被传统观点公认是庄子手订的内篇也是如此。实际情况是,在庄子那个时代,不仅不可能像我们今天这样有什么"知识产权法",甚至也没有著作权的观念和意识,就是自己写的文章也是不署名的,更何况文章在流传过程中,读者可以作合乎自己思想的增删或改动，此其一。其二，后人在整理编辑先秦古籍时，往往把编者认为是一派的思想或风格相似或相近的文章收集在一起，而以这一学派的创始人的名字来命书名，以示尊崇师道之意，这样就形成了"凡称子书，多非自著"（章学诚《文史通义·公言》。孙星衍亦有此见，见《晏子序》）的特点。所以，要判定《庄子》中某篇为庄子本人所作是困难的。那么，这是不是说前人的辨伪工作就是徒劳无益的呢？那当然也不是。如果不拘泥于今天所说著作权的狭隘范围去评价古人的辨伪工作，我们就会发现，他们的努力具有重要的积极意义，其学术价值是不容否定的。这些考证正确地揭示了一个事实，即从思想倾向、内容深浅、文体风格、名物制度、语言特点等诸多方面看，《庄子》33篇之间，甚至有些篇中各章节之间，都存在着或大或小的差别，这些差别正好说明《庄子》不仅不是一人之作，而且也不是一个时代的人的手笔，它应该是不同时代、不同观点的人们学术著作的汇集。因此，《庄子》一书就不仅对研究庄子本人思想或庄子学派思想，而且对研究整部《庄子》所反映的一个较长时代的社会思想，以及其时各派思想之间的复杂关系、社会思想发展的历史进程，都具有很重要的意义。回顾庄学研究的历史，我们可以看到，正是在前人考证的基础上和启发下，后世学者才能沿着探讨学派特色的方向把庄学研究向前推进，并取得了超越前人的成果。清代以后，关于《庄子》的考辨，基本上是朝着下面两个方面发展。其一，认为《庄子》一书是战国至秦汉时期各派道家文章的总集，考辨的重点放在外、杂篇的学派分野问题上。罗根泽和张恒寿可作为这方面的代表。罗根泽在《〈庄子〉外杂篇探源》（见《诸子考索》）中，将外、杂26篇分作12组，对每一组文章的产生时代和思想派别都有具体考论。其结论是：一、《骈拇》《马蹄》《胠箧》《在宥》为战国末年左派道家所作；二、《天地》《天道》《天运》为汉初右派道家所作（罗氏所谓的"左""右"，是以其对待孔子和儒家的态度来区别的）；三、《刻意》《缮性》为秦汉神仙家所作；四、《秋水》《达生》《山木》《田子方》《寓言》为庄子派所作，或说是庄子弟子或后学所作；五、《至乐》《知北游》《庚桑楚》为战国末年老子派所作；六、《徐无鬼》《列御寇》为战国后期人编的道家言论和道家故事的杂汇；七、《外物》为西汉道家所作；八、《则阳》为战国末年老庄混合派所作；九、《让王》《渔父》为汉初道家隐逸派所作；十、《盗跖》为战国末年道家所作；十一、《说剑》为战国末年纵横家所作；十二、《天下》为庄子所作。罗根泽对《庄子》的考论，在20世纪30年代前期问世，当时确为别开生面之作，使人耳目一新，影响颇大。正如今人崔大华所评论的:"对宋代以来关于《庄子》外、杂篇的纷纷不一的怀疑和议论,罗氏能给予确定性的解释或理解,这无疑是庄学研究的一个重要的进步。"(《庄学研究》第74页)沿着这个研究方向又取得新的成果的,以20世纪80年代出版的张恒寿的《庄子新探》最为突出。张恒寿突破了内篇为庄子自著的传统观点,打破内、外、杂的界限,对《庄子》全书进行考论,从而确定各篇乃至一篇中的各章的写作时代的先后和学派的归属,"比较清晰地显示了在内、外、杂篇之分和篇目之名的帷幕遮掩下的庄子思想本来面目和发展演变过程,这是庄学研究的新进展"(崔大华《庄学研究》第80页)。张氏的考论是迄今为止最为详尽的,现将其结论概括介绍如下:内篇7篇除《人间世》前三章和其他篇中一些羼杂章节外,基本上都是庄子的早期作品;其中《逍遥游》《齐物论》《大宗师》(除羼杂部分)为庄子的典型作品。外篇15篇中,《骈拇》《马蹄》《胠箧》3篇和《在宥》篇的第一、二章,为秦统一前夕道家左派作品;《天地》《天道》《天运》《刻意》《缮性》诸篇颇为驳杂,多是秦、汉间道法派、黄老派、养生派、神仙派的思想杂烩;《秋水》以下6篇为庄子嫡派或后学作品,其中《达生》有早出的证据。杂篇11篇中,《庚桑楚》《徐无鬼》《则阳》《外物》《寓言》《列御寇》6篇基本是先秦时作,其中《列御寇》

近于杂俎,《外物》无甚精意,其余4篇堪称全书精品,多能发内篇未发之旨;《让王》《盗跖》《说剑》《渔父》为伪作,但除《说剑》外,其余3篇与道家思想有联系;《天下》篇是荀子以后司马谈以前介乎儒道之间的学者所作。不难看出,上述罗、张两家的考论尽管结论不同,但有一个基本事实是两家都承认的,即《庄子》一书非一人一时之作。既然时代有先有后,自然就有个学术源流问题。由于这些认为《庄子》是道家学派总集的学者,在考论时对《庄子》中后出作品的学术分派过于烦细,有些分类的标准与界限也不甚明确,因而在说明它们的学术渊源特别是它们与庄子思想的关系时就不够清晰。这个缺憾在主张《庄子》一书为庄子学派总集的学者们那里得到了纠补。

其二,认为《庄子》一书是庄子学派的文章总集,考辨的重点放在外、杂篇与内篇的源流关系问题上。这一派在对《庄子》一书总的看法上又回到或接近传统的观点,即《庄子》是庄子及其后学所著,其中内篇基本是庄子所作,或者基本上反映了庄子的思想,是庄子学派的早期作品;外、杂篇则是庄子后学或崇庄者所作,成文时间有先有后,最晚的文章也不会在汉初以后。前者自然是源,是庄子学派思想的中心;后学自然是流,是庄子思想的继续与发展、演变。为了具体揭示这种源流关系,他们还对外、杂篇文章同内篇文章作了对应研究。清初王夫之的《庄子解》已开其端倪。如他说外篇中的《天地》篇是"畅言无为之旨,有与《应帝王》相发明者"(卷一二),《刻意》篇"亦《养生主》《大宗师》绪余之论"(卷一五),《缮性》"与《刻意》之旨略同"(卷一六),《秋水》篇是"因《逍遥游》《齐物论》而衍之"(卷一七),《达生》"于内篇《养生主》《大宗师》之说,独得其要"(卷一九),《山木》是"引《人间世》之旨,而杂引以明之"(卷二○),《田子方》"其要则《齐物论》'昭之以天'者是也"(卷二一)。这就明确指出了外篇文章是在哪个方面继承了庄子思想,或发挥了庄子的哪个观点,其渊流线索自然清晰明白。沿着这个方向研究庄子而取得新成就的,可以清代学者周金然为代表。周金然在《南华经传释》中把《庄子》的外、杂篇分为7类,一一与内篇7篇对应,说明它们之间的渊流关系。具体情况可表示如下:

内篇	外、杂篇
《逍遥游》第一	《秋水》《马蹄》《山木》
《齐物论》第二	《徐无鬼》《则阳》《外物》
《养生主》第三	《刻意》《缮性》《至乐》《达生》《让王》
《人间世》第四	《庚桑楚》《渔父》
《德充符》第五	《骈拇》《列御寇》
《大宗师》第六	《田子方》《盗跖》《天道》《天运》《知北游》
《应帝王》第七	《胠箧》《说剑》《在宥》《天地》

表中左边为内篇篇名,是《庄子》中的早期作品,是源;右边是外、杂篇篇名,是庄子后学所作,是解释和发挥其对应的内篇文章之旨的,自然是流。(周氏原著未见,此表依郎擎霄《庄子学案》中的引述而制)此表中缺《寓言》和《天下》两篇,因为周金然把这两篇均看作是庄子的自序。今人崔大华亦认为《庄子》是庄子学派的著述汇集,并作了详细考论。其考论分为两步进行。第一步是以《庄子》各篇中对庄子生平言行的记述、《庄子·天下》篇对庄子思想的概述、荀子对庄子思想的评述三项为根据,来检验内篇各篇的中心思想或命题,从而判定《庄子》内篇"所反映的思想,特别是人生哲学思想,是庄子思想的核心部分,是庄子本人的思想,是庄学之源"(《庄学研究》第89页)。第二步是在此前提下,再将《庄子》中外、杂篇各篇的思想与内篇比照,证明外、杂篇中除《说剑》外所有文章的思想、命题、概念、术语,都源自内篇,最后又援引刘笑敢《庄子哲学及其演变》提出的内篇早于外、杂篇的新证,作为补充论据(刘笑敢根据汉语词汇的发展规律是先有单音词,后有复合词的规律,对内、外、杂篇作了比较研究,指出内篇中只有"道""德""性""命""精""神"等词,而没有"道德""性命""精神"等词,而在外、杂篇中后者却多次出现;同时指出"道德""性命""精神"这些复合词,在早出的《论语》《孟子》

中也没有，而在晚出的《荀子》《韩非子》中却都能找到，从而证明了《庄子》中的内篇早于外、杂篇，这确是一个有力的证据），证明内篇是外、杂篇思想之源，后者是流。至于《说剑》一文，虽然思想观念上没有同内篇直接发生关系，但可在外篇中的《田子方》《达生》中找到相应的词句，由此可以推断，《说剑》可能是更晚的庄子后学所作。《天下》篇在《庄子》中地位特殊，它是一篇概述先秦思想史的精美文章，它在思想观念上不仅与内篇有关联、犀通之处，而且与外、杂篇在主要的、具有特征性的概念、术语的使用上，也是相通的或一致的；另外还能从语词发展上找到晚于外、杂篇的证据（从"方""术"到"方术"，从"道"到"道术"，从"静而圣，动而王"到"内圣外王"等），因而它也应该是庄子后学的作品，其写作时间可能在《庄子》诸篇之后。（参看《庄学研究》第86—103页）

另外，在20世纪60年代初出现了两种新的观点。一种观点是前已述及的任继愈提出的，他认为内篇是汉初庄子后学的作品，不代表庄子的思想；而外、杂篇才是庄子本人所作，或者说是最能代表庄子思想的作品。一种是周通旦提出的，他认为《庄子》33篇全部是庄子本人所作，不过外、杂篇是庄子早期所作，内篇是庄子晚年所作。这两种观点虽然新异，但不为学术界多数人所接受，故介绍从略。（任继愈观点先见其著《庄子探源》一文，载《哲学研究》1961年第2期，其后主编《中国哲学发展史（先秦卷）》仍坚持此说；周通旦观点见《关于〈庄子〉外、杂篇和内篇的作者问题》一文，载《哈尔滨师范学院学报》1961年第1期）

通过前面的概括介绍，我们可以看出，有以下几点是多数学者的共识：第一，在《庄子》33篇中，内篇7篇为庄子所作或者是代表庄子思想的作品，写作时间在前。第二，外、杂26篇为庄子弟子或后学所作，在思想内容方面或多或少与内篇有直接联系，写作时间在后。第三，外、杂篇中许多文章在思想上都存在着与内篇不一致甚至相抵牾之处，或者说有超出内篇的观念，显示出与其他学派相融合的倾向；这种现象甚至在内篇各篇之间亦有少数章节存在。这种情况说明庄子后学有分化，庄学在后世有变异有发展，甚至《庄子》在流传过程中有错简和羼杂。第四，综合上面三点，可以得出，《庄子》是一部有关学派文章的总汇的结论。至于说是道家学派著述的汇集，还是庄子学派的著述汇集，我们认为后一种观点比较合理。因为这种观点是站在庄子学派是道家学派中一个有别于其他学派的独立学派的立场上的，这更有利于把庄子学派作为一个完整的思想体系进行研究，更容易揭示这个学派的特点及其在整个道家学派中的地位，也有利于说明这个学派的演变过程，它的本源思想的特质，它在后期的发展中又具有哪些新的特点，以及它同其他学派的相互关系。总之，它更有利于反映思想史的实际和揭示思想体系发展的规律。因而，我们也是《庄子》是庄学学派著述汇集观点的支持者。

二 《庄子》思想概述

　　《庄子》一书内容丰富，视野博大，思想体系极为复杂，这是所有了解《庄子》的人的共同认识。它所具有的特殊复杂性，使后世学者对它的理解也最为纷繁，仁者、智者各抒己见，是此非彼，争论不休，愈演愈烈，至今仍无认识统一的迹象。全面介绍千余年来庄学历史的发展和争论各方的观点，是这本小册子无法承担和不能完成的任务，好在关于庄学历史的发展近年已有方勇的皇皇巨著《庄子学史》出版，对历代庄学研究成果和观点进行了比较详细的勾勒，因而在后面的概述中我们将不涉及各种意见的是是非非，只是根据我们的理解来大致描绘一下《庄子》思想的面貌，必要时适当援引一些我们同意的学者们的评论。
　　一种思想体系有它不同于其他派别的独特的核心观念和理论，其他诸多观点和理论都围绕着这个核心而展开。

研究任何思想体系，首要的是抓住其核心观念和理论，然后才能准确地揭示出其整个思想体系的特点，以及它与前此已有过的旧思想体系比较起来增加了哪些新的东西，从而正确评价它在当时社会思想领域中以及它在后世思想发展史上不可取代的地位和作用。这个基本的思考，就是我们在下面的概述中努力实现的目的。

需说明一点的是：标题用的是带书名号的《庄子》而不用人名"庄子"，这是因为我们概述的是《庄子》这部书的思想，而不只限于庄子本人，因而也不限于传统观点认为是庄子自著的内篇7篇，而兼及外、杂篇。但是这部书既然是庄子学派著述的汇集，其思想体系既然以庄子命名，今天仍不妨用"庄子思想"来指称《庄子》的思想。不过，这里的"庄子思想"是一个思想体系的称谓，不单纯是指庄子这一个人的思想，尽管我们仍可以理解为主要是指庄子的思想。所以，在下文叙述中，《庄子》思想与庄子思想有时是可以替代的。

1. "游乎四海之外"——《庄子》的人生哲学

《逍遥游》是整部《庄子》开卷第一篇，也是内篇7篇之首。不管内篇是否庄子手订，把《逍遥游》放在第一，客观上也的确显示了它在整个《庄子》中的突出地位。这足以证明编书者是一位对庄子思想理解极深又有高明理论见解的人。这样做具有重要的理论意义，可以说是编者有意交给读者一把理解庄子思想体系的钥匙，指出一扇进入庄子理论宫殿的大门。我们对庄子思想的概述也从这里开始。

庄子是"逍遥哲学"的开创者。"逍遥"一词虽然早见于《诗经》，如《郑风·清人》就有"二矛重乔，河上乎逍遥"之句，但作为哲学概念使用却始于《庄子》，它的内涵也不同于《诗经》中的"逍遥"，而是更丰富了。从《逍遥游》篇的内容来看，"逍遥"在这里是指一种超凡脱俗，不为身外之物所累的心理状态和精神境界，近乎我们今天所说的"绝对自由"。追求"逍遥"是庄子人生哲学的主要内容，也是整个庄子思想的核心。庄子思想的庞大体系，就是围绕着这个核心构建起来的，其他一切思想观念和理论元素无不与这一核心存在着紧密联系；正如崔大华所说："庄子思想发源于对人的精神自由（逍遥）的追求"，"庄子思想的核心是它的人生哲学"。(《庄学研究》第104、105页）正是在这个基点上，显示了庄子思想区别于其他任何一种思想体系的主要特质。因此，我们可以说，庄子的整个思想体系就是一整套关于追求逍遥的"逍遥哲学"，庄子就是逍遥之祖。若从"逍遥哲学"这个角度来观察庄子思想的各个部分，我们就会发现，庄子的自然哲学是它的理论基础，庄子的相对主义是它的认识论根源和走向逍遥境界的思想方法，庄子的社会思想是它产生及形成的心理土壤，庄子的文学思想和创作风格是它的具体表现和外化形式。

庄子认为，宇宙中包括人类在内的万事万物都是不逍遥的，精神不自由的，因为它的存在和生活方式都是"有所待"的，即有条件的、受限制的，因而都是不自由的，即使那些自以为逍遥，表面上看去也貌似逍遥的人与物，也是如此。比如，《逍遥游》中描写的大鹏，它的活动范围非常之大，上能达到九万里的高空，远能自北海飞至南海，行为极其豪迈壮观，貌似逍遥，实际上，它是很不自由的，因为体形太大，飞翔时不仅需借飓风之力，而且还必须有极大的空间才能展翅，必须上至高空才能不受山峦之阻。正是由于这个原因，它才受到小鸟斥鷃的嘲笑，认为它过于费力了。斥鷃认为自己的生活方式比大鹏优越，是最自由的，因为"我腾跃而上，不过数仞而下，翱翔蓬蒿之间，此亦飞之至也"。其实这正反映了它由于生活环境的狭小所带来的局限，因为它无能力到广阔天地中去遨游，形成了目光短浅的习性。这讲的是万物在空间上的局限。

在时间上也是如此。朝生暮死的小生物朝菌不可能了解一天中发生的事情，春生夏死、夏生秋死的寒蝉不可能知道一年的四季变化，这是生命短的局限。生命长的也是如此,"以五百岁为春,五百岁为秋"的灵龟和"以八千岁为春,八千岁为秋"的大椿,它们也不能知道其生前死后的事。这讲的就是万物在时间上的局限。至于人类,看上去似乎比动、植物自由得多,实际上他们所受的限制也更多,除了名、利、富、贵之外,还有伦理道德、感情欲望等多种牵累,而且对死亡的恐惧和担忧的精神负担,远远超过其他生物。从受限制这个角度来审视人生,人是世界上所有事物之中最不自由的。在此我们可以发现庄子论证自由的逻辑进程,那就是离开自然原始本性愈远的物性,就愈不自由;因而要想获得自由,就必须离弃物性,恢复自然的原始本性,回归自然,与自然融为一体,达到"无己"的精神境界,从而克服时空等局限而进入永恒。只有这样才能实现真正的自由。所以庄子得出结论说:"像那种能因顺自然的本性,适应六气的变化,而在广漠无穷中遨游的人,他还有什么凭借什么限制呢?所以'至人'是'无己'的,'神人'是'无功'的,'圣人'是'无名'的。"(《逍遥游》)只有这种人才是进入绝对精神自由境界的人。无己、无功、无名就是庄子的理想人格。

庄子理想人格的人称谓除了"至人""神人""圣人"之外,有时也叫"真人""天人""全人"等。这种人物性格有些什么特点,或者说庄子的理想人格有些什么标志呢?从《庄子》一书的有关描述中,可归纳如下。

第一，这种人了解人生痛苦即不得逍遥的根源，那就是人在现实生活中受到自然、社会中许多非人的智能所能干预或改变的事情的限制，这种限制的力量庄子叫作"命"。他说："死生存亡，穷达贫富，贤与不肖，毁誉、饥渴、寒暑，是事之变，命之行也。"（《德充符》）另外，人一出生就遇到已经被社会上普通人认为是行为准则的伦理规范、道德法则，这些都是限制个人自由的力量。庄子认为这些东西都是自然和社会从外面强加于个人的，是无法抗拒的，必须顺从和适应它，否则就会使人遭到不幸和痛苦。这些事物有些带有必然性，有些则是偶然的，不过在庄子看来都是必然的，所以叫它作"命"。庄子所说的"命"，有命令必须听从的意思，也有今天说的"命运"的意思。这"命"的诸多因素概括地说有以下几条：其一，是包括时机在内的时势的变化，这是在社会生活中个人力量最无可奈何的。庄子在《秋水》中借孔子的口说："我忌讳道行不能通达已经很久了，然而还是不能避免，这是命运。我企求道行通达已经很久了，然而还是得不到，这是时运。当尧、舜的时代，天下没有不得志的人，并不因为那时人们都有高超的智慧；当桀、纣的时代，天下没有得志的人，并不是因那时人们都失去了智慧，这些都是时势造成的啊！"《秋水》中又借海神之口说："古时候尧和舜因禅让而成为帝，燕王哙和国相子之却因禅让而使国家灭亡；商汤和周武王因争夺天下而成为王,白公胜却因争夺天下而招来杀身之祸。由此看来,争夺和禅让的体制,尧和桀的行为,哪种可贵、哪种可贱是由时俗决定的,不能认为是永远不变的","不合时代,违反世俗,就被称作篡夺的人;符合时代,顺从世俗,就称他为道义的人"。可见,个人努力的成功与失败,得福与取祸,以及是好是坏、是善是恶的道德评价,都不是自己能作主的,而是时势决定的。其二,死生的变化,这是人最无可奈何的自然规律。生命是人们最珍惜的,没有人不想长寿,然而人总是要死的,这是谁也逃不脱的命运。《大宗师》篇说:"人的死生,这是命运,就像永远有黑夜和白天的变化一样,这是自然的规律。有许多事情人力是不能干预的,这些都是事物的实情。"人生同永恒的宇宙相比的确是太短暂了,正如《知北游》中老聃所说:"人生天地之间,就像骏马掠过缝隙一样,转眼之间就过去了。万物蓬蓬勃勃,没有不生长的;变化衰萎,没有不死亡的。已经变化而生,又要变化而死,生物为之哀伤,人类为之悲痛。"所以人们莫不乐生恶死,忧惧死亡便成了人们难以摆脱的痛苦。这个生死大限的确是常人痛苦的根源。其三,在"至人"看来,人的情志与欲望是人在生活中不能达到"逍遥"的内在的心理根源。《庚桑楚》篇说:"贪图富贵名利、权势的欲望,追求生活享受的心理,以及爱、憎、喜、怒、哀、乐的感情等等,都是能扰乱人心、负累德性、障碍人获得宁静心境的力量，也是使人达不到自由境界的原因。而这些情志和欲望都是人的本性，一般人没有不崇尚声名、趋就利禄的"，"声色、滋味、权势对于人来说，不必学习心里就爱好它，不必模仿身体就会安于它。欲求、憎恶、逃避、趋就，本来不必教导就会，这是人的本性"。(《盗跖》)人的感情和欲望，得到满足时就高兴，得不到时就忧愁，得到了又会担心失去。这样，不论得到得不到，人总是处在患得患失的忧虑之中，所以说"人一出生，就和忧愁同生"。活的时间愈久，忧愁的时间也就愈久，"长寿的人昏昏迷迷，久忧不死，是多么痛苦啊"！(《至乐》)人被这么多的忧愁牵累着，怎么可能"自由"呢？所以，庄子认为这些都是"生之害也"(《天地》)"天下之至害也"(《盗跖》)。它们不仅折磨着人的精神，损耗着人的思虑，侵扰着人的生活，常常使人陷入各种各样的痛苦之中，不能自拔，导致人的一生"除了疾病、死亡、忧患之外，其中开口欢笑的，一月之中不过四五天而已"，甚至于使人为它们牺牲生命，"小人为财利而死，君子为功名而死"(《盗跖》)。其四，就是自然灾害给人造成的痛苦，也是妨碍人获得自由的根源，如大旱大涝、疾病瘟疫等。

第二，庄子理想人物的另一个标志是他们懂得并掌握了如何摆脱各种限制的方法或途径，从而能够使自己走向逍遥。《庄子》书中关于这个方面论述很多，涉及人类生活的整个领域,其中最重要的莫过于安时处顺、委运任化、恬淡无欲、寂寞无为、舍弃智慧、不用机心、体悟大道、归依自然这几条。下面我们就对庄子倡导的这些摆脱限制、免祸避害、追求自由的途径和方法作一简约的解说。

(一)安时处顺、委运任化。庄子认为,人在生活中,对自然界和社会上的许多事变和势力,是不能干预、无力抗拒的,人只能安于现实,听任命运安排,随顺事物变化。思想上有了一种自觉性,无论遇到什么情况,处于什么样的环境,内心就不会感到痛苦,形体就不会遭到伤害,就会始终使自己的心境处在宁静的状态,在精神上也就会体会到一种自由的满足。《大宗师》中有一个故事说:子舆病了,他的好友子祀去探望他。他说:"伟大啊,造物者,把我变成这样一个弯曲不伸的人啊!"子舆成了驼背,子祀问他:"你厌恶这个样子吗?"他说:"不,我为什么厌恶!假使把我的左臂变成鸡,我就用它来报晓;假使把我的右臂变成弹弓,我就用它来打斑鸠……再说,人的获得是适时,人的失去是顺应,能安心适时而且顺应变化的人,哀乐的情绪就不能侵入他的心中,这就是古时说的解脱束缚。那种不能自己解脱的人,就会被事物束缚住。万物都不能胜过自然,古来就是如此,我又有什么厌恶的呢?"《养生主》中另有一个故事,说老聃死了,他的朋友秦失前去吊丧,只干号了三声就出去了。有人责问他:"老聃不是你的朋友吗？"他说："是的。"又问："那么这样子吊唁，可以吗？"他回答说："可以的。……那些痛哭的人'都是失去了自然之性，违背了实情'。"然后就讲了和上面子舆同样的话。以上的例子说的是自然事变。对待社会人事也是这样。《人间世》中孔子对叶公说："世间有两种大法：一种是自然的本性，一种是人为的事理。子女爱父母，这是自然的本性，在心里是无法解释的；臣仆事奉君主，这是人为的事理，无论走到什么地方都不会没有君主，只要在天地之间生活就无法逃避……从事内心修养的人，不会受哀乐情绪的影响，知道事情无可奈何就安心听从命运，这就是最高的德性了。"这些故事中的子舆、秦失、孔子都是用安时处顺、委运任化的办法来摆脱痛苦，在不得已的事变面前保持了心情的宁静。这就是被庄子视为最高德性的自我解脱。（二）恬淡寡欲、寂寞无为。庄子认为，这是人能够做到安时处顺的前提条件。因为人有太多的欲望，这是扰乱人心使之不能安宁的重要因素；人为了满足这些欲望，就不会甘忍寂寞，就要有所行动甚至违背自然而胡作妄为，这样就不可能安时处顺、委运任化了。因此，必须首先泯灭这些障碍人获得自由的欲望，使之不妄作为。《庚桑楚》中说："要消除意志的悖乱，解开心灵的束缚，去掉德性的负累，打通大道的蔽塞。高贵、富有、显赫、威严、名声、利禄，这六项是扰乱心意的。容貌、行动、颜色、辞理、气息、情态，这六项是束缚心灵的。憎恶、求欲、欣喜、愤怒、悲哀、欢乐，这六项是负累德性的。离去、趋就、获取、付与、智慧、技能，这六项是蔽塞大道的。这四种'六项'不在胸中动荡，心神就能平正，内心平正就能安静，安静就能明澈，明澈就能空虚，空虚就能顺应自然而达到无为而无不为的境界。"无欲才能恬淡，无为才能寂寞，恬淡寂寞才能安时处顺，不遭祸殃。《刻意》说："恬淡、寂寞、虚无、无为，乃是天地的平准、道德的实质。所以圣人息心于此，息心便能心平气和；心平气和就能恬静淡泊；心平气和、恬静淡泊，忧患就不能进入，邪气就不能侵袭，所以德性才能保持完整而精神也不受亏损。""所以说，圣人活着顺自然而行，死了因物而化，静止时和阴气同隐寂，行动时与阳气同波流……所以说没有天灾，没有外物牵累，没有人的非难，没有鬼神责罚……虚无恬淡，才合自然的德性。"能够虚无恬淡，自然就不会为尘世什么功名利禄、富贵显达所动心，就不会为了获得身外之物去争夺，去奋斗，也就可以做到寂寞无为了，甚至连生死大关也能处之泰然，无忧无惧。用这样的态度来对待人世就叫与世无争，或者叫作避世、逃世。具有这样思想和行为的人，就是隐士。他们可以隐于山林，与鸟兽为伍；也可以隐于市朝，处污泥之中而不染。后者对喧闹的尘世，熙熙攘攘的人寰，可以视而不见，充耳不闻,"不谴是非,以与世俗处"(《天下》),"入其俗,从其俗"(《山木》),"与时俱化"(《人间世》),所以又可叫作顺世。庄子学派认为,用这种态度来对待人世,就可以无往而不顺了,在任何时候,任何地方都可以保持宁静的心境而"安时处顺";同时也不会招来任何灾祸,人能"虚己以游世,其孰能害之"(《山木》)。这样处世,就可以像解牛的庖丁那样,"恢恢乎其于游刃必有余地矣"(《养生主》),获得自由了。(三)舍弃智慧、不用机心。庄子主张恬淡无为,顺应自然,就必然导向否定智慧的结论。即所谓"弃智"。在庄子看来,智慧会带来不宁和争夺,它是为争夺服务的,因而是天下大乱的根源。他说:"制造捕鸟工具的智慧多了,天上的鸟就被扰乱不安了;制造抓鱼工具的智慧多了,水底的鱼就被扰乱不安了;制造捕兽器具的智慧多了,草泽里的野兽就被扰乱不安了;欺诈、狡黠的辩论多了,世俗的人就被迷惑了。所以说世上常常大乱,罪过就在于喜好智巧。"庄子认为,当时天下大乱,就是因为舍弃了古代淳厚朴实的民风,而喜好诡诈奸邪的智巧;抛弃了恬淡无为的心志,而喜好喋喋不休的教化。要想使天下太平,只有"绝圣弃知"(《胠箧》)。这样,人们就不分君子与小人,大家都不用智巧,自然的本性就会不丧失;大家都无贪欲,所以都纯真朴实。(《马蹄》)庄子认为在这样的"至德之世"中,人人都安居乐业,自由自在地生活。因而,庄子对有智谋、善用机巧的人,不仅反对,而且也极其鄙视。在《天地》篇中有这样一个故事:子贡到楚国游历,回到晋国,路过汉阴,看见一个老人在菜园中整畦浇水,他挖水沟通到井里,抱着水罐出来把水倒进田里灌溉,用力很多而见效甚少。子贡说:"有一种机械,用它一天可浇田百畦,费力很少而见效很多,先生不想用它吗?"老人愤怒得脸色都变了,可是还笑着对子贡说:"听我的老师说,有机巧的器械,就必定有机巧的事情;有机巧的事情,就必定有机巧的心智。机巧的心智存在胸中,便不能保全纯洁的本性;不能保全纯洁的本性,便会心神不定;心神不定,便不能学到大道。我并不是不知道这种机械,而是以为可耻而不愿用它。"子贡感到非常惭愧……回到鲁国,把这件事告诉他的老师孔子。孔子说:"他是修习浑沌之术的人……像这样神志明澈、内心纯素、清静无为、回复自然、体悟本性、抱守精神而游于世俗之间的,你固然要感到惊奇的。"这则寓言意在说明有智慧、有成心、善机巧,就会使人不安静、妄作为,从而失去纯朴之性,企求获得名利,怎么还能恬淡无为、安时处顺、养神修道、回归自然呢!当然要遭到庄子学派的鄙弃。(四)体悟大道、归依自然。这一点是庄子的诸多修养方法中处在最高层次的,它同时又是修养的最终目标,也是庄子理想人生的最高境界。上面提到的那些处世原则和修养方法,都是为实现这一目标服务的，都是为了通向这一崇高目标而排除障碍，即所谓的"通道之塞"。"道"作为庄子哲学的最高范畴，它的内涵非常广泛而丰富，不仅指自然界和社会存在的秩序、运动的规律，而且也指宇宙的总体和根源，其最本质的特点即它的自然性。因此人们常把庄子哲学称作"自然哲学"。庄子认为，人能真正体悟到大道，依"道"行事，就可以获得"真正的""绝对的"自由，也就可以成就最高尚的人格。庄子体悟大道的方法，最根本的是所谓的"心斋"与"坐忘"。关于这一点，留到下面再谈。

第三，庄子理想人物的再一个标志是其具有超凡的精神境界和脱俗的生活方式。这也是庄子理想人格最重要、最根本的特征之一，也是得"道"和具有充实的内在美的集中表现，或者说是庄子学派人生哲学的集中体现，是作者按照自己的理论观点塑造出来的精神样板。在《庄子》一书中，对这种理想人物有很多形象的描绘，几乎篇篇都可以见到，特别在《大宗师》篇中更有比较集中的描写。现在我们根据《庄子》各篇对理想人格的描绘，综合描述如下：

具有这种理想人格的人不知道什么是自己，什么是功绩，什么是名声。他不做名声的主人，不做谋策的府库，不做事务的承担者，不做智巧的主施者。他不会违反人们的意志，也不会因自己的成功而骄傲。他不谋虑任何事情，错过了时机不懊悔，顺利时也不自鸣得意。他根本不理会世俗的事务，既不趋利，也不避害；不喜欢追求，行道没有痕迹。他对人们的爱是出于自然本性，不是有意在爱，也不知道自己在爱。有人告诉他说他在爱人，他好像知道又好像不知道；好像听到了，又好像没有听到。所以他的爱人是无止境的，人们安于他的爱也是无止境的。因此没有人夸赞他，也没有人诽谤他。他一会儿像龙，一会儿像蛇，随着时间一起变化，而不滞泥于固定的一点；有时居上位，有时居下位，以顺应自然为原则。他把外物当作外物，而不让外物把自己当作外物，因而不会为任何外物牵累。他体悟了无穷的大道，而遨游在寂静无形的境域，游行在尘世之外，完全承受自然的本性而又不表露自己的所得，只是抱虚守静而已。他的用心如同镜子一般，对外物既不送它们离去，也不迎接它们到来，如实地反映而不隐藏，所以他能胜物而不被外物所损伤。酷暑使草泽着火他也不感到热，严寒使江河结冰他也不感到冷，雷霆击毁山岳也不能伤害他，狂风震荡大海也不能使他惊恐。他心神坦荡而不偏私，即使不足而不接受补救，卓然不群而不固执，心怀若谷而不浮华，内心充实而面色可亲，德行宽厚而令人皈依。他冷肃得像秋天，温和得像春天，喜怒的情绪变化像四时的运行一样自然，他和各种事物相适应而人们却无法知道他的底蕴。他不知道喜欢生存，也不知道厌恶死亡。

他对于出生并不感到格外高兴，对于死亡也不产生忧虑，只不过是顺其自然地去，顺其自然地来罢了。他不会忘记自己的本源，也不追求自己的结局；事情来了就欣然地接受它，事情完了就任其返回自然；他不用心智去损害"道"，不用人为去辅助"天"。所以他睡眠时不做梦，醒过来不忧愁，饮食不求精美，呼吸非常沉静。他的肌肤像冰雪一样洁白，姿态像处女一样柔美。有时他很神妙，不吃五谷，只是吸清风，饮露水，乘着云气，驾着飞龙，在四海之外遨游。这种人的德量将广被万物而与之合为一体，甚至连他的尘垢与秕糠也可以造成尧、舜那样的人，哪里肯把治理天下当作一回事呢！

庄子的这些描述，的确在读者面前展现了他的理想人物的光辉形象。由此我们看到：一、这种人物在内心世界和生活实践两个方面都达到了与道同体、忘己忘物的境界。实际上他们就是道的化身，是道的生动的体现者。他们已同自然融合为一，一切行动都完全符合自然的本性，丝毫不带人为的痕迹。这是庄子理想人物最基本的特质。二、这种人物远离尘世，超凡脱俗。在他们心中没有一般人的世俗观念，什么荣辱、毁誉、贵贱、贫富等等，都不在他们的考虑之中，他们甚至根本不用心思。他们不追求什么，也没有什么可追求的。他们的言论行动，一切都是无心而行，却又无往而不适。他们不伤害万物，万物也不会伤害他们，因为他们是游于四海之外的人。尘世的纷纷扰扰、明争暗斗、欺诈奸巧，他们是鄙弃的。世俗的事务对他们既没有诱惑力，也不能干预他们的生活方式。他们既高洁又纯朴，普爱万物而不知有施，遍利众生而不知有功，既在万物之中，又处万物之上，因此没有任何牵累。他们与凡夫俗子有天壤之别。三、这种人无忧无惧，哀乐不入于心。他们一切顺应自然，从不自以为是。一切事变都不足以影响他们的情绪，甚至连生死问题也不能在他们宁静的心田里激起波浪。其心如镜，来者不拒，去者不留，生也不喜，死也不悲。能有如此心境，世上的一切，就再也没有什么能使他们高兴或者悲伤的了。四、这种人飘悠恍惚，神妙莫测。他们有时过着常人不可想象的生活，能够不食五谷，吸风饮露，乘云驾龙，游于浩渺的宇宙之中，踪迹神奇，令人神往；然而享有这种"绝对自由"的人却永远是常人可望而不可即的。

庄子的这种理想人物有着双重性质，他既是现世的，又是非现实的，或者说既是人又是神，亦人亦神、半人半神的人物。这种人物在现实生活中是不存在的，不可能找到的，这一点作者十分清楚。所以在《庄子》一书中，这些人物大都有着十分奇特的名字，在史书上无从考证；即使用了历史人物的真实名字，也不过是假借他们的名字而已，其言论与行迹与真正的历史人物大相径庭，实际上都是寓言式的人物形象，所以《庄子》才说其书是"寓言十九"（《寓言》）。这是他们非现实的一面。但是，这些人物作为庄子人生哲学的载体，却又是真实的，他们所表现的思想，在现实中是真实存在着的，即他们确实体现了庄子及其学派的人生理想，而这种人生理想又确实反映了社会中一部分人的精神追求，与这部分人的心是相通的。就这一方面讲，这种人物又是现实的、非神的。庄子用他那神来之笔，把这两个互相矛盾的特质巧妙地、有机地结合起来，融聚成一个统一的整体，而且天衣无缝，这不能不使人惊叹作者才能的超绝。但是，凡是经过认真思考的读者都不能不承认，庄子的这些理想人物，只不过是一种精神的存在，他们只存在于庄子及其学派的心中，或者说是带有理想因素的幻想而已。因为任何一个活着的人，都不能不过着一种世俗的生活，在尘世的环境中走着他的人生历程。那么，庄子的理想人格是不是纯然消极的，丝毫没有社会意义的呢？当然不是。他的积极意义主要表现在两个方面。首先，他们是作为不合理的、限制人们自由的黑暗社会的对立物而存在的，他们启发了人们的自由意识，提醒人们去认识和揭露不合理社会摧残个人自由的本质。其次，他们给不幸的人指出了一条消除痛苦、继续活下去的道路，使那些在恶劣环境下精神濒于崩溃的人们得以保持心理平衡，找到一种医治精神创伤的有效方法。尽管这条道路是消极的，这种方法是一帖精神麻醉剂，但在迫不得已的时候也是需要的。从满足人类生存欲望的角度来看，它是积极的；从社会斗争的角度来看，它是消极的。但仍不失为一种斗争方式，因为它毕竟是一种不与恶势力同流合污、保持高洁人格的追求。

2."方今之时，仅免刑焉"——《庄子》的社会思想

任何一种思想体系都不是从天而降，凭空出现的，都有其赖以产生的客观环境（包括思想理论环境）和主观条件，都和作者所处的社会现实和作者在这种社会现实中所形成的心理状态有紧密联系。在同一个社会条件下生活的人，他们思想也不相同，甚至完全相反。为什么呢？这就不能不从他个人在社会中所处的特殊地位及其在这特殊地位的生活中所形成的心理状态中找寻原因。因为不同地位的人对社会生活的感受是不同的，对生活刺激的反应方式也是不一样的，这样就有了他们各具特点的社会观点和处世态度；这种社会观点和处世态度又直接影响他的人生追求，对其人生哲学的特点具有决定作用。

庄子生活在战国中期，这是一个大动荡、大变革的时代。当时突出的社会特点是：旧贵族的统治正在退出历史舞台，新兴地主阶级的政权正在各个诸侯国建立和巩固，

以秦国商鞅变法为代表的政治革新已取得重大成果；同时各国之间的战争也日益加剧，规模愈来愈大。因此策士们的穿梭外交亦日趋频繁，合纵与连横的斗争愈演愈烈；思想家们也十分活跃，各种治国主张纷纷出台，你争我鸣，各不相让。在天下大乱，战争频繁，处士横议，百家争鸣现象下掩盖的是新旧社会制度的交替与国家由分裂走向统一的两大时代潮流，其汹涌澎湃之势不可阻挡，其结果必然是历史的巨大进步。但是历史的前进之路不是直线的，革新成果的取得不是没有代价的，它充满着曲折和反复，伴随着痛苦与牺牲。在这个艰难的历史发展过程中，作为推动历史车轮向前运动的主体的人民群众贡献最大，牺牲最多，获得最少，对他们来说，这也是一个经受磨难的过程。这是剥削制度下的普遍规律，是作为历史前进的动力又是工具的人们的必然命运。庄子，作为没落贵族中自食其力的知识分子，挣扎在这样的社会环境中，他的感受是什么样的呢？他对社会上的各种斗争有着什么样的看法呢？他应付事变的方式又是什么样的呢？他理想中的社会应该是个什么样子呢？这些就是我们下面将要回答的问题。

在《人间世》中，庄子借楚狂接舆之口说："来世是不可期待的，往世是不能追回的。天下太平，圣人就能成就事业；天下大乱，圣人只能保全性命。在今天这个时代，只求免遭刑害就可以了。"在《德充符》中又说："人们就好像生活在善射的羿的射程之中，总是要被射中的；有的没有被射中，那是因为命运好。"这两段话可以说是庄子在社会生活中总的感受和看法，不仅表现了庄子战战兢兢的心理状态，也表现出他对当时社会的绝望和对未来社会的失望情绪，从而构成了他的整个社会观的基调。社会为何如此黑暗呢？庄子认为，罪恶的根源在于统治者，即"昏上乱相"（《山木》）以及为这些"昏上乱相"作先导的"圣智"之人。《在宥》篇中有一段讲到社会罪恶产生的过程，作者说："黄帝时代已开始用仁义来扰乱人心……尧、舜时代又制定法度，实行惩罚……还是治理不好天下；到了夏、商、周三代，天下就大乱了……人们喜怒互相猜忌，愚智互相欺诈，善与不善互相非议，荒诞与诚信互相讥讽，天下的风气败坏了，人的本性散乱了……于是就用斧锯来制裁，用礼法来击杀，用锤凿来处决……所以，当今之世被处死的人互相堆积，戴镣铐枷锁的互相推拥，被杀戮的满眼皆是。于是儒家、墨家又开始在戴着枷锁的人中间挥着手臂宣传仁义，他们真是不知惭愧和羞耻到了极点啊！"在《庚桑楚》中又说："天下大乱的根源必定在尧舜时代，它的流弊将会保持到千万年之后。千万年后，必定要发生人吃人的事了！"正是基于对社会的这种基本认识，所以庄子笔下的生存环境是极其险恶的，令人触目惊心，不寒而栗。这也构成了《庄子》社会批判的基本内容，决定着《庄子》社会批判的主要特征,即对社会否定的彻底性,社会发展观的倒退性,以及社会理想的空想性。

庄子对现存社会的绝望心理,导致了他对社会现实的彻底否定,这主要表现在以下几个方面:一、庄子认为,作为国家最高统治者的国君,不过是一些凶恶、残忍、奢侈、荒淫之徒,他们为了满足自己的物质贪欲和政治野心,无所不用其极。如楚王"无赦如虎"(《则阳》);宋王之凶猛过于骊龙;卫灵公不问政事,日以饮酒作乐、打猎捕兽为事,连诸侯盟会也不去参加,常和妻妾同池洗澡,对待贤臣却傲慢无礼(《则阳》);卫太子生性刻薄好杀戮(《人间世》);魏武侯劳苦一国人民,来奉养自己的耳目鼻口的享乐(《徐无鬼》);卫君独断专行,轻举妄动,挑起战争,不体恤人民生命,死的人像草一样填满沼泽(《人间世》)。二、庄子认为,朝中权贵都是些贪图名利的无耻之徒。《盗跖》说:没有廉耻的人富有,花言巧语、骗取信任的人显达;名利最大的,几乎都是由无耻夸口而获得的。比如《则阳》篇中描写的魏国将军公孙衍就是例子。当魏王恼怒齐君背约,想派人刺杀齐君时,公孙衍却媚颜可掬地向魏王献计说:你身为万乘之君,却用一般人的方法来报仇,有失身份;请你给我二十万军队,替你去攻打齐国,虏获齐国的人民,夺取齐国的牛马,使齐君焦急而疽发于背,然后再夺取齐国的土地。公孙衍可算作无耻之徒的代表。《达生》

篇中祝宗人（朝中掌管祭祀的官）的形象可以说是花言巧语者的典型。公孙衍为了达到用猪做牺牲的目的，就穿上礼服，走到猪圈边对猪说："你为什么要讨厌死呢？我将要亲自用粮食喂养你三个月，我要十天一戒，三天一斋，给你垫上白茅草，把你的肩膀和屁股放在雕饰华丽的肉板上。你愿意干吗？"祝宗人明明是要猪为他去死，却还要打着为猪谋划的幌子，编造一大堆理由来欺骗猪，好让猪心甘情愿地去做牺牲，其厚颜无耻之态，令人作呕。祝宗人的形象不正是社会上那种图谋私利，视人命如草芥的官僚的自我画像吗？三、庄子认为，那些摇唇鼓舌奔波于诸侯之间谋求一官半职的士人，也都是些利欲熏心、寡廉鲜耻、虚伪欺诈之徒。《列御寇》中说，宋国有个叫曹商的人，替宋君出使到秦国，他出发时宋君送给他几辆车；到秦国说得秦王高兴，就送给他一百辆车，于是便得意忘形地到庄子面前来炫耀说："像你这样居住在穷闾陋巷之中，困穷得以编草鞋为生，饿得面黄肌瘦，这是我做不到的；一旦见到大国之君，出门就有百辆车子跟从，这是我所擅长的。"庄子便反唇相讥说："据说秦王有病，召医来治，为他开刀挤脓的赏给一辆车，为他舔痔疮的赏给五辆车，所治的病越卑下，得到的车子越多；你难道不是给他舔痔疮了吗？不然怎么会得到这么多车辆？你走开吧！"从这则故事中不难看出，庄子对那些趋炎附势、阿谀奉承以贪求名利的人，是何等厌恶、鄙视，对他们丑恶行为的揭露是何等尖锐，不留情面，这反映了庄子对他们的基本认识和态度。与这则故事有异曲同工之妙的是庄子对儒家的讽刺，如《外物》中"儒以诗礼发冢"的故事就是一例。大儒、小儒一起去盗墓，大儒在上面说："天要亮了，事情办得怎么样了？"小儒在下面回答："裙子、短袄还没有脱下；尸体口中还含有宝珠呢。"大儒说："古诗上说：'麦苗青青，生在坡陵；活着不施舍人，死了何必含珠！'抓着他的鬓发，按着他的胡须，用铁锤敲开他的下巴，慢慢分开他的两颊，不要损坏口中的宝珠！"请看庄子笔下的儒者，一方面干着盗墓窃财的勾当，一方面还用冠冕堂皇的诗礼对死者进行谴责，以此来证明自己行为是正义之举，其无耻的程度决不在曹商之下，另外还加上一层虚伪的面纱。鲁国是儒家的发祥地，其国多儒士，鲁君以此为骄傲。一次庄子对鲁哀公说："鲁国很少儒士。"哀公说："全鲁国人都穿儒服，怎么说少呢？"庄子说："你既然不相信，为什么不下道命令说：没有儒家道术而穿儒服的人，要处以死罪！"于是哀公下令，五天以后，鲁国人都不敢穿儒服了，只有一个人穿着儒服，是位真儒。这则寓言故事说明，所谓儒者，绝大多数都是为了达到某种个人目的而冒充的，"儒者"这块招牌不过是士人用来骗取名利的工具。四、与此相联系，庄子认为儒、墨所鼓吹的仁、义、忠、信等伦理道德规范，也是虚伪的、害人的工具，是为统治者维护一己之私利服务的。《胠箧》中说："那些窃钩的人被刑杀，那些窃国大盗却成为诸侯，诸侯的门里仁义就存在了。"统治者的行为和他们所标榜的伦理道德规范完全是相悖的，正如《盗跖》中说："尧杀害长子，舜流放胞弟，这哪里有亲疏的伦常？商汤作为臣子放逐了君主夏桀，周武王作为臣子杀害了君主殷纣，这哪里有君臣之义？王季越过兄长作了嫡子，周公杀害自己的兄弟，这哪里有长幼的秩序？"但是他们却要求别人遵守这些道德原则，这不过是让人们死心塌地为其效命而已，实质上就是以"仁、义、忠、信"杀人。比干被剖心，子胥被挖眼，这是受了"忠"的祸害；直躬证明父亲是盗贼，尾生淹死在桥梁之下，这是受了"信"的祸害；孔子不见母亲，匡子不见父亲，这是受了"义"的损害。正因如此，庄子才把儒家的圣人孔子称作"巧伪人"，他"不耕而食，不织而衣，摇唇鼓舌，擅生是非"，来迷惑天下的君主，使士人不能返其本性，想以此来求得封侯，取得富贵，实在是个"罪大极重"的罪魁祸首。(《盗跖》)五、庄子认为，从以上各方面的总汇可知，整个社会风气都是险恶的。在统治阶级自私自利、言行不一、弄虚作假、不择手段攫取富贵名利的作风影响下，古代那种自然淳朴之风完全丧失，代之而起的是尔虞我诈，争斗不休，互为猎手和猎物，人心莫测的污浊之风。在《列御寇》

中作者借孔子的口说:"人心比高山大川还要凶险,比天时还要难于推测;天时还有春、夏、秋、冬、昼、夜的一定时期,可人却不能通过他厚厚的外貌探知他深深的内心。因为有的外貌恭谨却内心骄诈,有的外貌像位善良的长者却内心险恶,有的外貌谨慎却内心急躁,有的外貌坚强却内心怠慢,有的外貌迟缓却内心凶悍。所以趋向正义如饥似渴的人,他抛弃正义时又如避烈火。"人们生活在这样的环境中,稍有不慎就会落入陷阱,成为别人的猎物,正如《山木》中一则寓言所讲的:蝉在树叶荫蔽下,自以为得意,不知身后有只螳螂在隐蔽处正要捕捉它;螳螂捉到蝉得意扬扬,不知背后有只鹊正在乘机攫取它;鹊只顾捕抓螳螂,却没有觉察到有人正在弯弓射杀它;射鸟者则又被管理园林的人当作小偷追赶和责骂。这里庄子描绘了一幅多么残酷的生活图景!这里面凝聚着庄子的人生感受和他对社会环境、人际关系的深刻认识:在以私字为核心的社会制度下,人人都可能是受害者,同时又是害人者;自己为了私利去伤害弱者,同时还有更强者来伤害自己;人人都不可能有绝对的安全,因为绝对的强者是不存在的;即使是绝对的强者,也会被眼前的利益遮着了眼睛而在行动上存在疏漏,给他人以可乘之机,使自己陷入危险之中,那也就在劫难逃了。

　　由于庄子对社会有上述的一种认识,所以他深感人生的艰难，尤其对于士人更是危险。《山木》篇中写了这样一则故事：庄子一次在山中行走，见一大树，枝叶茂盛，弟子问他这棵树为什么能长得如此之大，庄子回答说：因为它不成材没有什么用处。庄子从山中走出，住在一位朋友家中，朋友招待他，要仆人杀鹅，仆人问：有两只鹅，一只会叫，一只不会叫，杀哪一只？主人说：杀那只不会叫的；第二天弟子问庄子：山中那棵大树因为不成材保存了性命，朋友家的那只鹅却因为不成材被杀掉，先生您处在哪一边呢？庄子说：我将处在材与不材之间。庄子的这个回答的确机智，乍一听，似乎是最安全的办法，其实正好相反，是最不安全的。因为杀有才的人很容易把你当作有才，杀无才的又很容易把你当作无才，所以庄子又说："材与不材之间，似是而非也，所以不能避免罪累。"可见，在庄子看来，处在昏君奸相当权、人心险恶的社会里，要想保全自己，实在是无计可施了。因此他才主张逃避社会，最好是超乎尘世之外，游于"无何有之乡"，处"尘垢之外"，"独与天地精神往来"，才能获得自由自在毫无牵累的生活，这就是前面讲过的"逍遥游"。当然，这种生活在实际现实中是不存在的，它只能存在于人的心中，因为人是不可离开地球、脱离社会的，所以最后还是不能不面对现实，应付现实的各种纷扰，各种事变。这就必须有一套应付办法。庄子的办法就是安时处顺，委运任化，在任何情况下都保持心境的宁静，这样就等于远离尘世而获得绝对的自由了。在这里，庄子就从他的社会思想而转入他的人生哲学了。

庄子既然对现存的社会给予彻底否定的评价，那么他期望生活在怎样的一种社会环境中呢？换句话说，他的社会理想是什么呢？这在《庄子》中有比较明确的阐述，就是所谓的"至德之世"或者叫作"建德之世"。在"至德之世"里，"民结绳而用之，甘其食，美其服，乐其俗，安其居，邻国相望，鸡狗之音相闻，民至老死而不相往来"（《胠箧》）。人们和鸟兽一同居住，和万物相互聚集，不知道有君子和小人的区别；人们都没有知识，本性不会离散；人们都没有欲望，所以都纯真朴实（《马蹄》）；人民只知道耕作却不知道积藏，帮助别人却不求报答，不知道什么是义，也不知道什么是礼，随心所欲地做事，任意而行，却都符合大道，活着能够欢乐，死时可得埋葬（《山木》）。不难看出，庄子所向往的是原始公社式的社会制度，在这样的社会里，没有阶级，没有君子与小人的区分，因而也没有剥削和压迫，人人劳动，自食其力；大家都保存着自然本性，纯朴厚道，乐于助人，虽然很少往来，关系却很融洽；生活安适，心情舒畅；那里也没有仁义礼乐的道德规范，人们完全可以依据自己的心愿行事，自由自在；那里虽然没有后世才出现的先进的生产技术，没有便利的交通工具，没有多余的物资积聚，却因而也没有争夺和为争夺而服务的智慧，以及由此而产生的后世社会中充满的卑鄙龌龊行为。对庄子这样在混乱社会里苦苦挣扎的人们来说，这的确是一个令人憧憬的极乐世界。

怎样实现这种理想呢？庄子认为让人恢复其自然本性，社会就可返回到原始的纯朴状态。要做到这一点，最重要的就是国君要抛弃国家，丢掉世俗事务，与大道"相辅而行"，"与道游于大莫之国"（《山木》）。这实质就是不要国君，如国君不得已要来君临天下的话，那最好的办法就是"无为"；国君"无为"，才能使人民安于自然本性的真情。所以他说："绝圣弃知，而天下大治。"（《在宥》）

综观庄子的社会思想，它带有明显的双重性质。一方面，从社会发展的历史规律的角度来评价，作为没落贵族的知识分子，他对社会的观察是不全面的，只看到灾难性的一面，否定了社会前进的一面，甚至连人类文明的成果也给予否定，所以他的今不如昔的结论是错误的。但是，从道德的立场来评价，作为当时处在社会下层的一个自食其力的知识分子，他的生活感受是真实的，带着普遍意义的，他的感情与下层人民有共通之处，他的同情是在人民一边的；因而他对社会的批判具有进步的性质，他对统治者自私、残酷本性的揭露是深刻的，合乎逻辑的。庄子避世的态度从其反抗恶势力的方式来说，是消极的，但它毕竟是一种反抗。从不与统治者同流合污，保持自己纯洁的人格来讲，它又是积极的。他提出的社会理想，一方面有倒退的性质，另一方面也蕴含着人民反对剥削、压迫，要求平等、自由的愿望，是同当时存在的不合理社会对立的，对启发人们的平等意识，促使人们的自由理性的觉醒是有意义的。当然，庄子对平等、自由本质的理解与今天是很不相同的，不可以今天西方现代性的自由、平等概念来比附和衡量。因此，对庄子的社会理想，全面否定和全面肯定都是不正确的。我们不能苛求古人，不能要求他们做在当时的历史条件下无法做到的事，虽然指出他们的局限是必要的，但更重要的是指出他们在历史上做出的别人无法代替的贡献，根据他们的贡献来评价其历史地位。

3. "恢恑憰怪，道通为一"——《庄子》的自然哲学

庄子逍遥思想并非痴人说梦，而是特殊条件下对人生困境（人生局限）的一种自觉和对摆脱这种困境的精神追求的反映，是对人生、社会、自然以及它们之间的关系问题思索的结晶，是建立在他的自然哲学的基础之上的人生理想。在庄子看来，他那归依自然的人生理想，不过是对作为宇宙总体和宇宙根源的"道"的回归，是对宇宙原则的顺从，是全身心地、彻底地实践"道"的"无己"的境界，

因而才是最崇高的人生境界。下面就来概述一下作为庄子人生哲学的理论基础的庄子自然哲学的基本内容。

(1) 自然主义的宇宙观

对宇宙自然奥秘的思考与探讨,是人类永恒的课题,也是哲学永远叙说不尽的主题。

在中华民族悠久的文明史上,伦理学、政治学、军事学等理论成熟较早,而真正的哲学却远远落后,大概到了战国时期才逐渐成熟起来。这不仅因为作为对人类精神现象的认识的哲学是人类抽象思维高度发展的产物,而且因为中华民族上古时代的哲人、智者往往把精力集中于对社会以及个人与社会之间关系问题的思考,而不大注意对自然界和自然与人的关系的思考,因而以涵盖对自然、社会、个人以及三者之间关系的认识为对象的理论——哲学,就发展缓慢。直到道家学派出现之后,这种情况才有所改变,而作为道家学派代表人物的庄子,对中国哲学体系的建立有特殊的重要的贡献。

庄子是中国历史上最早有明确宇宙意识的少数哲学家之一。在这些为数不多的哲学家中,庄子是谈论宇宙问题最多,理论内涵最为广泛和深刻的一位真正的哲人。"宇宙"的概念并非庄子创造,甚至也不是庄子首先使用的。与庄子同时而略早的尸子(尸佼)曾说过:"天地四方曰宇,往古来今曰宙。"(《世说新语·排调》注引）可见，在庄子时代，关于宇宙的概念已经形成并为学者所接受。但是，庄子关于宇宙的理解，同尸子并不完全一样。他说："有实而无乎处者，宇也；有长而无本剽者，宙也。"(《庚桑楚》）这意思是说"宇"是一种实在，但却没有具体的处所，因为它是所有实在的总和；"宙"是一种长久，但却没有开始和终结，因为它是所有长久的总和。不难看出，庄子对宇宙的理解比尸子要丰富和深刻，他明确地指出了宇宙的实在性和无限性。尽管这种理解在今天看来是有欠缺的，即没有解决无限与有限的辩证关系问题，但仍然不能不说是人类对宇宙问题思索的深化和提高。庄子对宇宙无限性的论述颇多，如在《秋水》中借北海之神的口说："天下的水，没有比海再大……它超过江河不知多少倍，但我仍不敢以此自满，因为我知道我在天地之间不过像小石小树在大山上一样，只觉得自己很小很小，又怎么敢有自满的念头呢？"这是海神在和天地（宇宙）相比时产生的一种感觉，在认识论上叫感知。又说："计算一下四海在天地之间，不是也像小石在大泽中吗？""称物类的数目叫作'万'，人类只是万物之中的一种……个人和万物相比，不是像一根毫毛在马体上一样渺小吗？""天地间的事物，其数量是没有穷尽的，时间是没有止期的。"这是海神用理智推断而得出的天地（宇宙）是无穷的结论，在认识论上叫作理性认识。正因为庄子有如此明确的宇宙意识，他深刻感觉到人生的局限，在《盗跖》中才深有感慨地说："天地的存在是没有穷尽的，人的死亡是有一定时限的，拿有限的生命寄托在无穷尽的天地之中，和骏马忽地一下跑过缝隙没有什么两样。"所以庄子要企盼摆脱局限，超越有限的困扰，追求精神上的自由境界。他说："不能使自己的意志畅快，善于保养使自己得以长寿的，都不是通达大道的人。"(《盗跖》)

宇宙是个永恒的存在，在时、空上都体现着无限性；宇宙又是一个真实的存在，它表现为天地万物的存在方式，是天地万物的总体。这里自然有一个问题：宇宙中的万物是不是彼此没有任何联系的孤立的存在呢？换句话说世界是不是有统一性呢？庄子对这个问题的回答是肯定的。庄子提出的"通天下一气耳"的命题，就是他对世界统一性问题的理论解释。庄子认为，宇宙间充满着"气"，"气"是构成万物的基始元素；"气"在自己的演化过程中，形成两种性质不同的阴气和阳气，阴气和阳气相互作用，产生万物；万物都是处在不停变化之中的气的存在形态，万物的产生不过是气的聚集，万物的死亡不过是气的离散，所以说天下的一切事物只不过是同一的气的不同存在形态罢了。这就是庄子关于世界统一性的基本观点。例如，《知北游》中说："生是死的连续，死是生的开端，谁能知道它们的头绪呢？人的出生，是由于气的聚集；气聚集起来，就是生命；气的离散，就是死亡。若果死生是同路的伙伴，我还有什么忧患呢？所以万物是同一的。然而，人们往往把自己喜欢的（生）叫作神奇，把自己厌恶的（死）叫作腐朽；腐朽的又变化为神奇的，神奇的又变化为腐朽的，所以说：'普天下就是一气而已。'圣人所以崇尚同一。"《庄子》中还说："阴阳者，气之大者也。"（《则阳》）阴、阳二气"交通成和而物生焉"（《田子方》）。"阴、阳二气错乱，天地就会大震，于是就会有雷霆，雨中就会有火发生，就会焚烧大树。"（《外物》）人体生病也是阴、阳二气错乱不和的表现（《大宗师》）。甚至人的喜怒哀乐，也同阴、阳二气有关，"过于欢乐，就会伤害阳气；过于愤怒，就会伤害阴气。阴、阳二气都受到伤害，四季就不能正常运转，寒暑就不能调和，这不会反过来伤害人体吗？"（《在宥》）可见，庄子认为从自然现象到人的生命乃至人的精神现象的存在与变化，都同气的变化有密切联系，都是气的存在形态，也就是说它们都是同一个来源。正是在这种万物同源的理论引导下，才使得庄子在心理上、思想上突破了生死大关，平静地对待生死问题，哀乐不入其心。这正如书中寓言人物子来所说：阴、阳二气对于人来说，无异于父母，它让我接近死亡，而不听从，我就太蛮横了，它有什么罪过呢？（《大宗师》）又说："谁能懂得生死、存亡是一体的道理，我们就同他作朋友。"因为这种人是"遨游在天地一气之中"的，是具有庄子理想人格特征的人。

"气"是庄子哲学体系中一个重要的基本的范畴，它反映了庄子对世界统一性的理解，但还不是庄子哲学中最高的范畴。庄子哲学中最高范畴是作为宇宙根源的"道"。作为哲学范畴的"道"，并不是庄子的首创，早在春秋时代它就已经普遍为人所接受。如郑国子产说过："天道远，人道迩。"(《左传·昭公十八年》)齐国晏婴也说过："天道不谄，不贰其命。"(《左传·昭公二十六年》)孔子也说过："天下有道，则礼乐征伐自天子出；天下无道，则礼乐征伐自诸侯出。"(《论语·季氏》)不过他们所说的"道"是指自然界或社会存在的秩序与原则，并不含有世界根源的意义。作为世界根源的"道"，大概到了战国时期才有，最早出现在《老子》一书中，如"有物混成，先天地生"。"可以为天下母。吾不知其名，强字之曰道。"（二十五章）"道生一，一生二，二生三，三生万物。"（四十二章）庄子关于"道"的观念就是在接受上述"道"的观念的基础上，经过改造和发展而形成的。

作为庄子整个自然哲学体系中最高范畴的"道"，其内涵是十分丰富的，主要包括以下几个方面的内容：第一，道是世界（万物）存在的根源和依据。在《庄子》中关于世界的根源的论述，观点不尽一致，有时甚至互相抵牾。

比如说道能"产生鬼神和上帝，产生天和地"(《大宗师》)，这个"道"好像是在万物之外而存在的另一个独立的东西，它是产生世界的根源。这显然是一种唯心论的观点，也是今天有些学者把庄子看作唯心主义者的主要理由之一。但是在《庄子》中关于"道"，还有另外的一种说法："计算物的数目，不止于万，而限称它们叫'万物'，是因为用数目中最多的名号来称呼它们；其中天、地是形体最大的，阴、阳是气中最大的，'道'是它们的总体。"又说："四方之内，六合之中，万物是从哪里产生的呢？"回答道："阴、阳相应，相消相长；四时循环，相生相杀……随着时序互相条理，交替运行互相驱使，物极则返，终而复始，这是万物所具有的现象；言论所穷究的，知识所达到的，只限万的范围罢了。懂得'道'的人，不追求万物的消逝，也不探究万物的起源。"(《则阳》)这里，庄子把"道"看作是万物的总体，明显具有宇宙整体的含义，因而他不主张探求万物（宇宙、世界）的起源，不必追究万物是由什么产生的，因为这样的探求是不会有结果的。这是因为宇宙"没有开始也没有结束"，所以不可能有产生宇宙的那个东西，"宇宙本来就是有物的，本来就有物又生生不已"(《知北游》)，其生生不已不过是阴阳互相作用的结果；而阴、阳又是气之中最大的，所以物之生生不息又是气的变化的结果。这里庄子关于"道"的论述同前面说过的关于"通天下一气耳"的命题联系起来了。但"气"并不就是"道",因为气还不是万物,只不过是万物构成的元素,所以也不是万物的总体(道)。道与气的关系,在《庄子》中只有一处提到,说得不太明确,"气也者,虚而待物者也。唯道集虚。"这意思好像是说气的性质是空虚,空虚能接纳万物;只有道才能集结在空虚之中。但是,庄子并没有说气是从道产生的,所以好像又不能得出庄子关于世界根源的观点是唯心的结论。这样,我们在《庄子》中就看到了关于道是世界根源的两种不同的论述,或者说两种不同的观点:第一种观点认为,道作为世界(万物)根源性观念,其内涵主要是,它是先于世界而存在的,并且是产生世界的根源;第二种观点认为,道作为世界(万物)根源性观念,其内涵主要是,它是世界(万物)的总体,同时又是世界(万物)存在(不是产生)的依据。《庄子》中为什么会有关于道的这样两种不同观点呢?可能是由于《庄子》一书不是一时一人所作,才会出现这种相互矛盾的情况,那么,这两种观点当中,哪一种是庄子的,或者说是庄子学派的主要观点呢?目前庄学研究者还没有统一的认识。我们赞同后一种观点即是庄子思想的意见,因为后一种观点才能显示出庄子哲学的本色,并真正使它与老子思想区别开来。能反映庄子这种思想的论述,在《庄子》中还不止一处,如《知北游》中说:"纷纭的万物自古以来就是存在的。六合是巨大的，却超不出它的范围；秋毫是渺小的，却依靠它才能成形体……（道）茫茫昧昧好像不存在而实际却是存在的，自然地产生不见形迹而有神妙的作用，万物都受它养育而自己却不知道，这就叫作本根。"这就是说万物自古就存在，并没有另一种先它而存在的东西产生它；"道"有神妙的作用，能养育万物，是万物存在的根据，因此万物是离不开"道"的。所以又说："天不得不高，地不得不广，日月不得不行，万物不得不昌，这就是道啊。"另一方面，道也不是离开万物独立存在的实体，它和物之间没有界限。但是因为万物之中都有道，而道是一个整体，所以从道的立场来看，万物之间又是没有界限的。这就是说，道又是世界统一性的根据。因此，我们认为,庄子的"道"的观念，主要涵义应该是万物存在的根据，不是万物产生的根源。第二，道具有普遍性和永恒性的特征。道既然是万物（世界，宇宙）存在的根据，万物的存在都离不开道，那么道就必然具有普遍性和永恒性。《知北游》中有这样一则故事："东郭子问庄子说：'你所说的道,究竟在什么地方呢？'庄子说：'无所不在。'东郭子说：'请指出一个具体地方来。'庄子说：'在蝼蛄、蚂蚁里面。'东郭子问："怎么这样卑下呢？'庄子说：'在稊草、稗草里面。'东郭子说：'怎么更卑下呢？"庄子说："在砖头、瓦块里面。'东郭子说：'怎么越来越卑下呢？'庄子说："在屎尿里面。'东郭子便不作声了。庄子说:'你的问题,本来就没有接触到实质。'"这里的"实质"就是指道的普遍性,即道"无所不在",无论是动物(如蝼蛄、蚂蚁),植物(如稊草、稗草)、无机物(如砖头、瓦块),有机物(如屎尿)等一切物中都有道,所以说"道是覆载万物的,洋洋无边,广大极了"(《天地》)。这里的实质又是指道的永恒性,"道有使物盈虚的作用而自己却没有盈虚,有使物盛衰的作用而自己没有盛衰,有使物有始终的作用而自己却没有始终,有使物积散的作用而自己却没有积散"(《知北游》),所以说"道无终始,物有死生"(《秋水》)。它"在太极之上却不算高,在六合之下却不算深,在有天地之前就存在却不算长久,比上古时代还年长却不算衰老"(《大宗师》)。第三,道具有客观实在性的特征。庄子认为,道虽然不是一个有形的具体事物,看不见摸不着,但它却是确实存在着,他说:"道是真实的有验证的,没有作为没有形体的。"(《大宗师》)"有它的真实存在却没有它的形体","如探求它的真情,不管得到或得不到,对它的真实存在都不会有什么增益和损伤"。可见,道是一种客观的存在,是不以人的意志为转移的。第四,道的作用具有自然发生的特征。庄子认为道是"无为"的,它虽然有伟大的作用,但并非有意作为,"万物繁多,都是从无为中繁殖出来的"(《至乐》),道是无意志的。所以对道的作用也不能作道德评价,"它调济万物却不算正义,它恩泽万代却不算仁慈……它覆盖载负着天地,雕刻出各种物体的形象却不算工巧"。道对物的一切作用都是出于自然,自然而然是道的固有特质。《知北游》中说:"天不得不高,地不得不广,日月不得不行,万物不得不昌,这就是道啊!"郭象注说:"此皆不得不然而自然耳。"第五,道具有自根的特征。《大宗师》说道是"自本自根,未有天地,自古以固存"。这就是说,道本身就是自己存在的根源和依据,从来就是自足地存在着。没有任何一个东西是道的根源,因为道是世界万物存在的最后根源和依据。第六,道具有不可抗拒性的特征。《渔父》中说:"道是万物所遵循的。万物失去它就会死亡,得到它就能生存;做事违反它就会失败,顺应它就能成功。"这里所说的道,其含义和我们常说的客观规律有点相似。人们只能顺应规律,不能违背规律;违背了就要受到规律的惩罚。第七,道具有不可感知的特征。《知北游》中有则故事——泰清问无穷:"你知道'道'吗?"无穷回答:"我不知道。"又问无为,无为回答说:"我知道。"……泰清又问无始说:"无穷说不知'道',无为说知'道',他俩谁对谁错呢?"无始说:"说不知的深刻,说知道的浅薄;说不知是内行,说知道是外行。"……无始曰"道是不能耳闻的,耳可闻的就不是道;道是不可眼见的,眼可见的就不是道;道是不能言说的,可言说的就不是道。懂得使形体成为形体的那个东西（道）是不具有形体的啊！……"无始又说："……'道'没有什么可询问的；询问也没什么可回答的。没有什么可询问的却还要去询问，那是空洞的问；没有什么可回答的却还要勉强回答，那是无内容的回答。以没有内容的回答来对待空洞的询问，这样的人就是对外未曾观察过宇宙，对内还没有领悟到太初，因此他不能超越昆仑，不能遨游太虚。""太初"指本源、原始，"太虚"指"道"的境界。这个故事是《庄子》中对"道"的不可感知性比较完整而形象的说明。因为"道"不是有形体的具体存在的物，它既是宇宙的整体性，又是万物的根源性的抽象物，所以就不能像具体事物那样，可以用感官去感知；也不能像存在于具体事物内部的物理那样，可以用言语来表述或分析，即不能用思辨的方法来认识。那么，庄子哲学中的"道"是不是像主张庄子是不可知论者所说的那样是不可认识的呢？当然不是。只不过，庄子认为，"道"作为一个特殊的认识对象，对它的认识方法也是特殊的，而且不是一般人所能认识的。这个问题就是下面我们要讲的庄子认识论中的一个重要内容。

（2）相对主义的认识论

庄子的认识论也是最能显示庄子哲学特色的重要思想。因此，如何评价庄子的认识论思想也就成了庄子研究中的一个重要问题。这里有必要对庄子的认识论的主要内容及其特点作概括介绍。

庄子承认世界万物是不依人的意志而客观存在的，说"称物的数目有万种之多，人只是其中一种"（《秋水》）。因而他把在人之外存在的事物叫"外物"。庄子也承认人对外物具有认识能力，他说："认识，是由于对事物的接触；知识，是由于对事物的谋虑。"（《庚桑楚》）"知道哪些是属于天然的，知道哪些是属于人为的，那就是认识的最高境界了。"（《大宗师》）庄子还承认人的认识是可以改变和提高的，如《秋水》中的黄河之神河伯，在秋水连绵，河水上涨时，就"欣然自喜，以天下之美为尽在己"，认为天下的美都集中在自己身上。当他顺流而下，到了东海，见到汪洋无边的海水时，便改变了自己的看法，认为自己的自满是没有根据的、错误的，于是便对海神说："现在我看到你是如此广大难以穷尽啊！我要是不来到你的门前，那就太糟糕了，我一定永远被大方之家所讥笑了。"海神说："井里的鱼是不能和它谈论大海的，因为它受所处地域的局限；夏天的昆虫是不能和它谈论冰冻的，因为它受生存时间的局限；偏执浅陋的人是不能和他谈论大道理的，因为他受自己所接受的教养的束缚。现在你走出了限制你的崖岸，观看了大海，知道了自己的丑陋，这就可以向你谈论大道理了。"河神与海神的这段对话，意在说明人的认识是可以改变的，可以提高的，但条件是必须突破原有的生活地域、时间以及教养的局限。上面说的庄子的这些观点，都具有对生活的深刻观察和思考，也都富有生活哲理，符合事物认知的基本方法，今天看来都是正确的。

庄子不仅认为具体事物是可以认识的，而且认为包含在事物中的"理"即本质和规律也是可以认识,可以把握的。《养生主》中有一则著名的"庖丁解牛"的寓言，讲的就是这个问题。这个故事说庖丁解牛的技术高超，引起文惠君的惊奇，问他技术怎么达到这样高妙的程度。庖丁回答说："我所爱好的是规律，已经超过技术了。我开始学宰牛的时候，眼睛所看到的，没有一条不是完整的牛，根本看不到牛体的组织结构；三年以后，就看不见完整的牛体了，看到的都是牛的肌体的结构和各部分之间的空隙；到了现在，我只用心神来领会而不用眼睛去观看，官能的知觉停止了，但心神的嗜欲却在运行。依顺着牛的自然纹理（依乎天理），劈开骨肉的缝隙，引向骨节的空隙，顺着牛的自然结构（因其固然）去用刀，连经络相连的地方都不去碰，何况是大骨头呢？好的厨师一年换一把刀，因为他们是用刀去割筋骨；普通的厨师一个月换一把刀，因为他们用刀去砍骨头。现在我的这把刀用了十九年了，宰的牛有几千头，可刀口还像在磨石上刚磨过的一样锋利。"在这个故事中，庄子形象地说明感官的知觉只能认识事物的表面现象（全牛），只有运用心神才能了解事物内部的深层道理。这两个层次认识近似我们今天说的感性认识和理性认识。认识的对象不同，认识的方法也不一样，感官（眼睛）了解事物的现象，理性思辨（心神）认识事物的本质。在这个故事中，庄子还注意到实践在认识中的重要作用，庖丁经过多年的宰牛锻炼，不断总结经验，最后才掌握了宰牛的规律（依乎天理，因其固然），取得成功。这一点尤其深刻。可惜的是庄子并未能沿着这条认识路线坚持到底，这说明在他脑子里并没有形成明确的重视实践的自觉意识，只是在个别情况下叙述认识过程中偶然涉及实践，因而不能使它升华到应有的理论高度，甚至也未把它作为其认识论的必不可少的一个环节，这是导致他走向相对主义的重要原因。

庄子对个人认识（知识）的相对性有明确的认识，而且对产生这种相对性的原因也有深刻的了解。关于这方面的论述，可以说是庄子认识论中最精彩的部分，《庄子》书中许多妙趣横生的寓言，正是他的这种思想的生动体现。例如：

坏井中的一只蛙对东海中的老鳖说："我真快乐啊！出来就在井栏上跳跳蹦蹦，进去就在井的破砖边上休息休息。跳到水里，水就浮着我的两腋，托着我的两腮；跳到泥里，泥就盖着我的脚背。回头看看井里的赤虫、螃蟹和蝌蚪，都不能像我这般快乐。我独占一坑水，盘踞一口坏井，这真是最大的快乐！你何不抽时间来看看呢？"东海之鳖左脚还没有伸进去，右脚就已经被绊着了。于是就从容退出来，把大海的情况告诉给井蛙。井蛙听了大吃一惊。（《秋水》）——这说明人的认识受自己生存地域的限制。

朝生暮死的虫子不知一个月的时光，春生夏死的寒蝉不知道一年的时光。（《逍遥游》）——这说明人的认识受自己生存时间的限制。

公孙龙问公子牟说："我青年时代学习过先王之道，壮年时代又明白了仁义的行为……我善于辩论，自认为是非常通达了。现在我听到了庄子的言论，迷迷茫茫，感到非常惊奇……现在没有办法张口了，冒昧地向你请教其中的道理"。（《秋水》）——这说明人的认识受自己接受的教育程度的局限。

五帝的禅让天下，彼此不同，三代的继承君位，各有区别；不合时代，违反世俗，就叫他为篡夺的人；符合时代，顺从世俗，就称他为道义的人。（《秋水》）——这说明人的认识受时代变迁的制约。

宋国人到越国去贩卖礼帽礼服，但越国人不留头发，身上刺着花纹，根本用不着戴帽子穿礼服。（《逍遥游》）——这说明人的认识受同时代不同地区风俗习惯的制约。宋人以为自己国家的人戴礼帽穿礼服，就自然地认为越国人也是如此，因而犯了以己推人的错误。

宋国有人善于制造医治手冻裂的药，他家世代以漂洗棉絮为职业。有个外来人听到这件事，请求用一百斤金币买他的药方。这个宋国人就召集他的全家商议："我们世代漂洗棉絮，一年到头也不过挣几斤金币；现在一天的工夫就可以把咱们的技术卖得一百斤金币，我想把药方卖给他。"这个外乡人得到这个药方，就去游说吴王。这时正赶上吴王与越国打仗，就让他带领军队，在冬季里和越国进行水战。由于吴国军队用了不使手冻裂的药，把越国军队打得大败而逃，于是吴王就赐给他土地，又封他做了官。（《逍遥游》）——这说明人的认识也会受到自身职业视野的制约。宋人只知不裂手之药只可用来为漂洗棉絮服务，却不知道还可以用来为作战服务。

丽姬本来是艾邑看守边境小官的女儿，晋国人刚刚得到她时，她哭得泪水沾湿了衣衫；等她到了国王那里，和国王同坐一张方床，吃着美味佳肴时，她后悔自己刚来时为何要哭得那样伤心。（《齐物论》）——这说明人的认识还受到利害关系的限制。

庄子的妻子死了，惠子去吊丧，看见庄子两腿直伸叉开，正在敲着盆子唱歌。惠子责备庄子不该如此，庄子便讲了一套关于生死的大道理，说死了就是安息。（《至乐》）——这说明人的认识又受到看问题的思想观念和立场的制约。

孔子活到了60岁，他的观点就变化了60次，从前认为是正确的，后来又认为是错误的。不知道现在认为是正确的，是不是就是59岁前认为是错误的？（《寓言》）——这说明人的认识是会不断发生变化的。

正是由于庄子深刻思考和观察了人的认识受到主观方面和客观方面的多种限制，因而，他对认识的相对性有深刻的理解，所以才能写出如此关于知识相对性的精妙论述。下面两段文字是读者熟知并为论者经常引用的最能体现庄子的思辨和相对主义认识论的精彩片段：

人在潮湿的地方睡觉，就会感到腰疼甚至导致半身不遂，泥鳅也会这样吗？人爬到高树上就会感到惊惧不安，猿猴也会这样吗？这三种物类哪一种知道哪里是真正的住处呢？人吃肉，麋鹿吃草，蜈蚣吃小蛇，鹞鹰、乌鸦吃老鼠，这四种动物哪一种懂得真正的味道呢？猵狙和母猴作配偶，麋和鹿相交配，泥鳅和鱼一起游；毛嫱、西施，人们认为她们最美丽，但鱼见了就要沉入水底，鸟见了就要飞向高空，麋鹿见了就要很快逃跑，这四种物类哪一种知道真正美丽的容貌呢？（《齐物论》）

从万物各自的立场上来看，都是自以为贵而相互贱视；从习俗的立场来看，所谓贵贱都不是由自己来决定的。从差别的角度来看，顺着万物大的方面而肯定它是大的，则万物莫不是大的；顺着万物小的方面而肯定它是小的，则万物没有不是小的；懂得天地像一粒小米一样，懂得毫毛像座丘山一样，就可以看出万物差别的定数了。从功用的角度来看，顺着万物有的一面而认为它是有的，则万物就没有不是有的；顺着万物无的一面而认为它是无的，则万物就没有不是无的了；懂得东方和西方互相对立而不可缺少任何一方，那么万物的功利分量就可以确定了。从取向的立场来看，顺着万物对的一面而认为它是对的，则万物没有不是对的；顺着万物错的一面而认为它是错的，则万物没有不是错的了，懂得尧和舜的自以为是而相互非难，则万物的取向操守就可看清楚了。(《秋水》)

由上面的叙述可知，庄子不仅在广泛的意义上发现了人们对具体事物认识的相对性，即感性知识的不确定性，而且还很深刻地了解到产生这种不确定性的诸多原因，因而能对它作出理论的阐述。在两千多年前，能够提出这样极富思辨色彩的理论，不能不说是一个奇迹。其中蕴含着丰富的辩证思想的因素，展示了那个时代，在百家争鸣的氛围中发展起来的、理论思维的最高成就，包含有真理的成分。无论在庄子同时代或庄子之后很长时间内的哲人中，没有一位能像庄子这样把知识的相对性揭示得如此充分和详尽透彻。仅此一点就足以证明庄子不愧为伟大的哲学家，也实实在在地奠定了他在中国哲学史上的牢不可破的崇高地位。

但是，庄子并没有从对知识相对性的自觉认知的基础上走进辩证法的殿堂，而是滑入了相对主义的泥潭。在庄子生活的那个时代里，由于社会历史条件主要是社会生产力和科学发展水平的限制，人们还不可能对有限与无限，相对与绝对，现象与本质，偶然与必然等之间的辩证统一关系有真正深刻的理解，因而也不可能产生真正反映物质世界发展规律的辩证唯物主义观念和理论，庄子也不例外。他不是把认识看作是从不知到知，从现象到本质，从对事物的个别现象、个别方面到更全面、更深刻的认识过程，因而也不理解认识的相对性是向绝对真理接近的历史阶段性，更不能理解实践在认识过程中的重要意义。正是由于这个原因，庄子找不到确定是非的客观标准，于是就把认识的相对性绝对化，认为认识的是非是无法判断的。所以他说：即使我和你辩论，你胜了我，我输给了你，你果真就对吗？我果真就错了吗？我胜了你，你输给了我，我果真就对吗？你果真就错吗？是我们两人中有一个人对，有一个人错呢？还是我们俩都对，或者都错呢？我和你互相都不知道。凡是人本来就不明白的，我们又请谁来判定是非呢？让和你意见相同的人来判定吗？既然和你相同了，怎么能判定呢？让和我的意见相同的人来判定吗？既然和我相同了，怎么能判定呢？让和你我都不同的人来判断吗？既然和你我都不同了，又怎么能够判定？这样看

来,你和我以及其他人都是不能判定的了,那还等待谁呢?(《齐物论》)

可以看出,庄子在这里苦于找不到判断是非的标准,因而认为知识的对错是不能证明的。既然知识的对错不能判断,那就用不着追求知识了;而且知识的领域是无穷尽的,人要以有限的生命去追求无穷尽的知识,那是徒劳的。他说:"我的生命是有限的,而知识是无限的;用有限的生命去追求无限的知识,就会弄得很疲困。既然如此却还要去追求的人,只不过是要把自己弄得非常疲困罢了。"(《养生主》)"用极其有限的生命去追求无穷的知识领域,必定会迷茫昏乱而不能称心如意。"(《秋水》)所以,庄子认为要想摆脱知识是非的困扰,就只有归依大道,不辨是非,把是与非看作是齐同的。因为在庄子看来,从道的立场来看待万物,万物都是一体的:"万物本来都有它所以如此的原因,万物本来都有它所以适可的道理;没有一种事物不如此,没有一种事物不适可。举例来说:草茎和梁柱,丑女与西施,以及一切稀奇古怪的事物,站在'道'的角度来看,都是相通为一的(恢恑憰怪,道通为一)。事物的分散,也意味着它的完成;事物的完成,也意味着它的毁灭。所以一切事物都无所谓完成与毁灭,总还是相通为一的。"(《齐物论》)所以庄子反复强调"以道观之,物无贵贱","以道观之,何贵何贱","万物一齐,孰短孰长?"

(《秋水》),"万物皆一"(《德充符》),"死生存亡之一体"(《大宗师》)。道是宇宙的总体性,又是万物固有的自然实在性。因此,站在道的立场来看待一切事物,一切事物之间就没有区别;站在道的立场上来对待一切事物,就不会有好此恶彼的感情和是此非彼的偏见了。"道"的观念是庄子齐同万物的思想基础。"以道观之"的立场,庄子叫作"道枢";"以道观之"的方法,庄子叫作"休乎天钧"或"和以天倪";运用"以道观之"的立场和方法,庄子叫作"以明"。这里庄子把"道"比作自然旋转的圆环,"道枢"就是这个圆环的中心;万物好比处在环上的无数个相连的点,彼此之间没有分界,旋转起来终而复始,这就是"天钧"或"天倪"。(《寓言》篇:"天均者,天倪也。"按,天均,又作天钧,意思相同。)用这种不加区别、和同是非的方法来观察事物就是"和以天倪";站在"道枢"的立场,运用"和以天倪"的方法对待一切事物,就找不到事物的对立面,也就没有事物之间的分界了,这样就可以应付无穷的事物,就算明白了天道自然的道理,就叫作"以明"。(《齐物论》)当然,在庄子看来,不是一般人都能达到这种境界的,只有圣人才能。如果真的达到这种境界,那就无论什么死、生、存、亡、穷、达、贫、富、贤、不肖、毁、誉、饥、渴、寒、暑等事变,都不能扰乱自己的内心,就可以彻底摆脱是非善恶的困扰,始终保持安逸怡悦的心境了,这就叫作"才

全"。(《德充符》)

"以道观之"的前提是"体道",就是使自身具有道的品格,即与道融为一体,达到"天地与我并生,而万物与我为一"(《齐物论》)的境界,或者叫作"无己"的境界。"无己"又称作"忘己",就是"忘掉外物,忘掉自然,这就叫忘掉自己。忘掉自己的人,就叫作返归自然"(《天地》)。返归自然的人,与宇宙同体,和永恒同在,也就是进入了绝对自由的崇高境界,这正是庄子所追求的理想人格。

"体道"不同于"知"道,因道不是"物",不能用认识一般事物的方法来认识。但是,道可以用体验的方法来达到,这就是体道。体道的第一步是"心斋"。所谓的心斋,就是心志专一,感官停止活动,保持虚静的心境,来体会道,"虚者,心斋也"(《人间世》)。实际上就要求人不用智慧,丢掉欲望,无思无虑。体道的第二步是"坐忘"。"废弃肢体,除去聪明,脱离形体,去掉智慧,与大道融通为一,这就叫'坐忘'"。(《大宗师》)这里讲的实际上是一种人格修养的方法。庄子认为,"道"虽不能通过认识活动而求得,却可以通过修养的方法而达到。他在《在宥》中说:"噫!要修养心境!……废弃你的形体,丢弃你的聪明,把事理和万物忘掉,和自然元气混同一起;要解放心神,静定精气。万物纷纷纭纭,各自返回它们的根本;各自返回根本而自己并不知道,浑然不用心机,终身不离根本;如果知道了,就是离开根本了。不要追问它的名字,不要窥探它的真实情状,万物自然就会成长的。"如果能达到这种境界,那就是"能体纯素"(《刻意》)的真人,能"体尽无穷,而游无朕"(《应帝王》)的至人了。

总之,庄子的自然哲学内涵是丰富复杂而深刻的,他的认识论方法也是独具特色的。尽管庄子在对宇宙自然的认知中表现出鲜明的相对主义色彩,甚至还将相对主义认知绝对化,但庄子在观察宇宙自然过程时,强调"以道观之",强调体道的重要性,并提出了"心斋""坐忘"的体道方法,这对沉思冥想宇宙大道精神是具有重要的思维价值和借鉴意义的。庄子的自然哲学观念和独特的思维认知方式对后世产生了深远的影响,尤其对艺术思维的启发产生了不可估量的影响,成为古代重要的艺术精神来源。台湾著名学者徐复观在《中国艺术精神》一书中将庄子与孔子并列作为中国艺术精神的真正动力源,恰说明了庄子对中国文化和艺术精神的伟大贡献,而这与庄子的自然哲学观念和独特的思维认知方式是密不可分的。

4."荒唐之言,无端崖之辞"——《庄子》的文学成就

庄子不仅是伟大的哲学家,而且是伟大的文学家。对庄子的文学,不像对庄子的思想那样,论者意见分歧,有

时甚至互为水火,而是从古至今,众口一词,没有不推崇的。清代著名的文艺理论家刘熙载说《庄子》是"人们很少不读的,读了很少不喜爱的"(《艺概·文概》),事实正是如此。庄子对中国文学的巨大影响是无与伦比的。郭沫若就曾指出:"秦汉以来的一部中国文学史,差不多大半是在他的影响下发展的。"(《郭沫若文集》卷一二《庄子与鲁迅》)

《庄子》文章有极高的文学价值,可以说是中国文学史上第一部真正的文学散文。明末清初杰出的文学批评家金圣叹把它和《离骚》、《史记》、杜诗、《西厢记》、《水浒传》并提,誉为"六才子书",又称它为"天下第一奇书"。鲁迅先生说《庄子》"大抵寓言,人物土地,皆空言无事实,而其文则汪洋辟阖,仪态万方,晚周诸子之作,莫能先也"(《汉文学史纲要》)。

庄子又是历史上第一个大力从事寓言创作的人,曾自谓其书曰:"寓言十九。"《庄子》全书有近二百则寓言故事,简直可以看作是一本寓言专集了。这些寓言故事,形象鲜明、生动传神,妙趣横生,意蕴深厚,极富有戏剧化色彩和小说意味,因而宋代黄震称《庄子》为"千万世诙谐小说之祖"(《黄氏日抄》卷五五《读诸子》)。

《庄子》文学的最大特色是他那自由不羁的浪漫主义风格。两千多年来,《庄子》以神奇古怪的人物形象,奇幻莫测的故事情节,玄妙超绝的丰富想象,恢恑谲怪的文章风格，浑然天成的艺术境界，赢得无数文人骚客的赞誉，凡是读过《庄子》的人无不为之倾倒。《庄子》以它巨大的艺术力量哺育了中国文学中的浪漫主义。庄子是中国文学浪漫主义传统的主要奠基人之一（另一位奠基者是伟大的爱国主义诗人屈原），这也是他对中国文学的主要贡献。

（1）庄子的文学思想

庄子并不是一位文学理论家，在他生活的那个时代，文学还远没有进入自觉的时代，也不可能产生文学理论家，因此，庄子也不能有完整系统的文学思想。所谓庄子的"文学思想"，不过是我们借用现代的习惯用语，来指称《庄子》中涉及的某些文学方面的言论罢了。在《庄子》中，直接谈到文学创作和文学功能的言论最突出的是有关寓言的论述。

在谈到《庄子》的写作特点时，《寓言》篇说："寓言占十分之九，重言占十分之七，卮言天天出现，随和自然。"所谓"寓言"，就是寄托于虚构人物的论谈，大致相当于今天说的寓言故事；所谓"重言"，就是假借重要人物（包括历史的和现实的）来论谈，实际上也是虚构的以人物为角色的寓言故事，这些作品中的"真实"人物，不过是假借其名号而已；所谓"卮言"就是穿插于故事情节中的作者的议论。作者所以要采用这种论说方式,其原因是:第一,当时一般辩论者所用的概念推理的方式,"能胜人之口,不能服人之心"(《天下》),有很大的局限性;第二,社会现实动荡,人心物欲贪婪,"天下沉浊,不能以严肃的话启迪人心"(《天下》);第三,人们思维固化,成心已定,都抱着固执的偏见,很难同他们直接对话,因为他们宁可相信第三者,也不愿听对方的议论。作者在《寓言》篇中打比方说:"父亲不替自己的儿子做媒,被父亲称赞,不如被别人称赞。这不是我的过错,是一般人的过错。一般人总是对和自己意见相同的就应和,和自己意见不同的就反对;和自己意见相同的就肯定,和自己意见不同的就否定。"因此,作者要避免这些弊病,就必须另辟蹊径,寻找一种既能服人之口,又能服人之心的表达方式,这就是创造寓言,塑造形象,用故事来体现道理,用形象来感染人。庄子文章大量采用寓言故事来说理,甚至一些文章就是用一系列寓言故事连缀成篇,应该同他对写作环境的认识有关,因为世风沉浊,人怀偏见,所以要采用怪诞奇异的形象和惊世骇俗的道理,来振聋发聩,惊醒世人。可见,庄子运用寓言说理是有自觉意识的,并非偶尔为之,尽管当时尚未进入文学的自觉时代,庄子也不一定意识到这就是在进行文学创作,更不会预见到后人把寓言作为一种文学体裁来看待。庄子是历史上第一个明确提出"寓言"概念的人，他对寓言本质的理解至今仍有借鉴意义。

庄子的文学思想更多地蕴藏在他的有关哲学、社会问题的论述之中，这些地方虽然不是直接地谈论文学，但我们却可以透过其中的一些涉及文艺问题的言论窥见作者文学思想的某个侧面。具体说来，主要有以下几个方面：第一，崇尚自然美。庄子学派认为，从"道"的立场来看，美、丑是齐一的；从人的角度来看，美、丑是有区别的，因而在《庄子》中不少地方还是谈到了美和丑。庄子认为，自然是最高的美，能体现自然之性的，就是美的，"朴素而天下莫能与之争美"。(《天道》)"淡然无极而众美从之"，"能体纯素，谓之真人"。(《刻意》)因而庄子学派反对人为和矫揉造作，说"圣人推原天地之美而通达万物之理，所以至人顺任自然而无为，大圣不妄自造作，这说的就是取法天地啊"(《知北游》)。《应帝王》中有个故事说：南海之神叫儵，北海之神叫忽，中央之神叫浑沌；儵和忽时常在浑沌那里相遇，浑沌对他们非常友好；他们商议要报答浑沌的恩德，说："人都有七窍，用来看、听、吃饭、呼吸，只有浑沌没有，我们试着给他凿开七窍吧。"于是就每天给浑沌凿一窍，凿了七天浑沌就死了。这个故事的用意十分明显，是反对人为的。浑沌象征自然，凿窍象征人为，浑沌之死象征着人为会摧残自然本性。又有一个故事说：越国美女西施得了心疼病，皱着眉头在村里走过。村里有个丑女,看见西施的样子觉得很美,回去时也故意捧着心口皱着眉头,可是村里的富人见了她就紧闭着门不再出来;穷人见了她,就带着妻子儿女急忙远远走开。(《天运》)作者评论说:"这个丑女只知道西施皱着眉头很美,而不知为什么美。"这个故事的宗旨显而易见是反对矫饰造作的。第二,重视精神美。在形与神的关系上,庄子学派是重神轻形论者,强调人的内在精神美。《德充符》中记载孔子讲了个故事:"我曾经到楚国去游历,恰好看到一群小猪在刚死的一头母猪身上吃奶,一会它们都惊慌地跑开了,因为它们发现母亲不再看自己了,不像活着的样子了。小猪所以爱它们的母亲,并不是爱它的形体,而是爱它那主宰形体的精神。"在此篇中还有一个故事说:"有一个脖子上长着盆一样大瘤的人去游说齐桓公,齐桓公很喜欢他;因而看到形容健全的人,反而觉得他们的脖子太细长了。所以,人只要有过人的品德,形体的残缺就会被别人忘记。"这两个故事的寓意都是要证明人的内在精神美远远超过形体美;有形无神,如同行尸,必然遭到遗弃;健全的精神可以弥补外形的残缺,其征服、感化他人的力量是形全神残者无法比拟的。第三,"得意忘言"说。《外物》篇说:"鱼筌是用来捕鱼的,捕到了鱼就忘掉了鱼筌;兔网是用来捉兔的,捉到兔就忘掉了兔网;语言是用来表达思想的,得到了思想就忘掉了语言。我怎么才能找到忘掉语言的人而同他谈论呢？"庄子认识到了语言是表达思想的工具，这在当时无疑是很深刻的见解，但他对目的与手段之间的关系理解得并不完全正确。他认为只要目的达到了，至于用什么手段是不必计较的。不仅如此，庄子还认为"道"是无法用语言来表达的。他说："可以用语言来表达的是事物的粗大方面；可以用心意来领会的，是事物的精微方面；至于不能用语言来谈论，只能用心意来领会的，则是用精粗都不能体现的事物（道）了。"因为"道"是不可闻见，不可言传的，所以语言对表达"道"是无能为力的。庄子说的"忘掉语言的人"是指能体悟大道的人，因道"不可言"，所以体道之人是不用语言来谈论"道"的。庄子有关言意的这些论述，引发了后世"言意之辩"的历史公案和"言不尽意""意在言外"的著名论题，影响深远。

第四，"虚静说"。庄子认为"虚静"是万物之本（《天道》），人心必须虚静才能体悟大道，因为道是聚集在虚静之中的（《人间世》）。人必须除去富贵名利等各种嗜欲，才能保持虚静的心境，因为各种嗜欲"不在胸中扰乱，内心才能平正，内心平正才能安静，内心安静才能光明，内心光明才能空虚，内心空虚才能进入无为而无不为的境界，也就是'体道'的境界"（《庚桑楚》）。达到"虚静无为"境界的途径是进行人性的修养，即前面提到过的"心斋"（《人间世》："虚者，心斋也。"），即"疏导你的心灵，洗涤你的精神"（《知北游》）。

使自己从世俗的各种观念和偏见中解放出来，摆脱外物牵累，进入与道同体，没有任何负担的自由状态。庄子认为这种精神状态对于为人处世具有决定性的意义，他说："百里奚不把爵禄放在心上，所以他养牛，牛就肥壮，使秦穆公忘了他的卑贱，将政事托给了他。有虞氏不把生死的观念放在心里，所以才能感动别人。"（《田子方》）用这种心态来进行创造，就会取得超乎常人的成就。"真画者"（《田子方》）、"梓庆为鐻"（《达生》）的故事就是其中的著名事例。如"梓庆为鐻"：一个名叫庆的木工雕刻木料来做鐻（一种乐器），鐻做成后，见到的人都很惊奇，以为是鬼斧神工。鲁国国君见了问他说："你是用什么技术做成的呢？"他回答说："我将要做鐻的时候，从不敢用别的事情损耗我的精神，必定要斋戒来使我的心神安静。斋戒三天，就不敢怀有庆赏爵禄的念头；斋戒五天，就不敢怀有别人说好说坏说巧说拙的念头；斋戒七天，就连自己有四肢形体都忘记了。当这个时候，忘记了朝廷，技巧专一而外界的一切干扰都消失了；然后进入山林，观察树木的质性，看见形体最合适做鐻的树木，一个完整的鐻的形象就呈现在眼前，然后就动手制作。不是这样，就不去做。这样用我的自然来合树木的自然，乐器被疑为神工，大概就是这个缘故吧。"反之，如果怀有杂念，就心神不定，做事也难以成功。这就像赌博一样，"用瓦块作赌注的游戏，赌起来就心灵手巧；用衣带钩作赌注的，赌起来就有点胆怯；用黄金作赌注的，赌起来就神智混乱。赌的技巧本来是一样的，由于内心有了顾忌，表现却不一样，就是太看重外物的缘故。凡是看重外物的，内心就一定笨拙"（《达生》）。庄子关于"虚静"的论述，被后世文艺理论家广泛用来说明文学艺术创作的构思阶段的心理过程，成为中国传统创作论的一大特色。如苏轼曾说："与可画竹时，见竹不见人。岂独不见人，嗒然遗其身。其身与竹化，无穷出清新。庄周世无有，谁知此凝神。"（《书晁补之所藏与可画竹三首·其一》）总之，庄子的这些认识虽然不是针对艺术创作而发，但却与艺术精神息息相通，对后世文艺理论和美学观念产生了深远影响。

（2）《庄子》的浪漫主义风格

《庄子》的文章风格属于浪漫主义范畴，这一点是公认的事实。自从唐代大文学家韩愈在《进学解》中把《庄子》与《离骚》相提并论以后，人们普遍注意到《庄子》《离骚》在文风上有着共同的特点，用今天的话来说，都属于浪漫主义流派。但是，从文学的角度对《庄子》进行研究，却不像对屈原的研究那样普遍，其深度相差更远。这就造成一种印象：庄子在文学上的成就比不上庄子在哲学上的成就，或者说庄子主要是位哲学家，而不是文学家。其实这是一种偏见，或者说是误解。庄子在文学上的成就与影响一点也不比其哲学逊色，甚至可以说作为文学家的庄子要比作为哲学家的庄子更加高明，更加伟大。因为随着时代的变化，庄子哲学的意义可能会缩减，而庄子文学的意义则永远不会消退；人们有时可能不喜欢他的哲学，但永远也不会不喜欢他的文学。也就是说，使庄子具有永恒价值的，最终可能是他的文学。

我们认为，《庄子》散文是古代浪漫主义的典范作品，是一般的浪漫主义作品无法比拟的。构成《庄子》文学浪漫主义的因素有诸多方面，其中最重要的有如下几点。

第一，深奥的哲理与奇特的形象融为一体。善于运用寓言故事来说明抽象的道理，并不是《庄子》独有的特点，先秦诸子大都如此。但是，把深奥的哲学思想与奇异的艺术形象紧密结合起来，融二者为一体，却是《庄子》独有的特色。在其他诸子的文章中，寓言往往是"事实论证"的例子，带有明显的比喻的性质，这是寓言的本色。而在《庄子》中，寓言本身往往就是文章主体，删除寓言即无文章；文章的中心思想往往隐藏在寓言背后，作者并不明确揭示，需要读者反复体会才能理解。因此，《庄子》寓言往往不是比喻，而是象征。寓言是哲理的载体，思想是寓言故事的灵魂，二者水乳交融，密不可分；也就是说，没有《庄子》的寓言，也就没有《庄子》的哲学，反过来也是一样。例如《逍遥游》，全文用一系列寓言故事连缀成篇，作者出面说理的话仅有文中插入的"故曰：圣人无己，神人无功，至人无名"几句，其具体含义亦无进一步的解释，需要读者从寓言中仔细领悟才能明白。这种情况在其他诸子的文章中是不多见的。

由于庄子的哲学思想非常深奥玄妙，尤其是作为其哲学体系中最高范畴的"道"，带有某种神秘色彩，只可意会，不可言传。因此不能用概念、推理、判断的形式逻辑方法来论证，所以必须诉诸形象。这些艺术形象，就是《庄子》思想的化身，是活的有灵性的思想符号。作者就是驱使这些形象为自己服务，通过他们的活动和语言来同读者进行思想感情的交流，进行心灵的沟通，从而感染读者，使之接受作者的观点。《庄子》寓言中的人物形象，不仅来自大量的历史传说和生活故事（这是中国寓言的普遍特征），而且更多的是来自神话故事和动物世界，甚至某些自然现象，什么天帝鬼神、虫蛇鸟兽、风云魍魉、无穷浑沌等等，在他的笔下，都可以被拟人化，成为生动活泼，呼之即出的形象，大家凑在一起，演出一幕幕奇妙的、引人入胜的戏剧，有时令人幽思，有时令人愤慨，有时又让人忍俊不禁。比如：

　　寄生在猪身上的虱子，自以为生活舒适安全，却

不知一旦猪被杀了，在火燎猪毛时它们也会一起被烧焦。（《徐无鬼》）

　　建立在蜗牛左角上的触氏国与建立在蜗牛右角上的蛮氏国，为了争夺地盘而打仗，每次都要留下数万具尸体，追赶败兵十五天后才能返回。（《则阳》）

　　养猴的人给猴发橡籽，对它说："早晨吃三个，晚上吃四个。"猴子们都发怒。于是又说："那么早晨吃四个，晚上吃三个。"猴子们都很高兴。（《齐物论》）

苟且偷安、盲目乐观的人，读了虱子的故事，能不引起深省吗？蛮触之战的故事，难道不足以使人对统治者为了一己之私利而牺牲广大人民生命的现象而感到气愤吗？养猴人的狡诈固然可恨，然而猴子的愚蠢不是更令人发笑吗？这些趣味盎然的寓言寄托着作者的人生观、社会观和哲学思想，耐人寻味。作者就是凭借这些栩栩如生的形象将自己深奥的哲学思想表现得淋漓尽致，取得了既能服人之口，又能服人之心的艺术审美效果。

《庄子》寓言的人物形象十分奇特，往往摆脱了生活逻辑的限制，表现出更多的主观色彩。要么具有超凡脱俗的精神状态，死生不惊，哀乐不入，心如死灰，形同槁木，如《齐物论》中的南郭子綦，《大宗师》中的子祀、子舆、子犁、子来、子桑户、孟子反、子琴张等均是此等人物；

要么具有神异的技巧，使一般的同行不能企及，如解牛的庖丁（《养生主》）、有道的承蜩者、操舟若神的津人、善于游水的吕梁丈夫、巧夺天工的梓庆（《达生》）、技艺超人的捶钩者（《知北游》）、运斤成风的匠石（《徐无鬼》）等，着实令人惊叹不已。这些人要么外貌丑陋，内心秀美，如全身远祸的支离疏（《人间世》）、使王公显贵为之倾倒的王骀、申徒嘉、叔山无趾、哀骀它（《德充符》）等，都是奇丑无比的畸形人，但他们的精神力量却是形体健全的正常人所不能望其项背的。在这些人物身上，既体现了作者重神轻形的思想观点，更体现了对"至道"的精神追求，具有深刻的哲学意蕴。

第二，超绝的想象和奇妙的意境高度和谐。《庄子》文章表现出作者的超世绝伦的想象力，这是古今人们的共识。自从汉代司马迁说《庄子》"大抵率寓言""皆空言无事实"（《史记·老子韩非列传》）以来，历代学者多有言及者，如宋人黄震说："庄子以不羁之材，肆跌宕之说，创为不必有之人，设为不必有之物，造为天下所必无之事，用以眇末宇宙，戏薄圣贤，走弄百出，茫无定踪，固千万世诙谐小说之祖也。"（《黄氏日抄》卷五五《读诸子》）近人王国维曾盛赞庄子"想象力之伟大丰富"（《屈子文学之精神》）。今人郭沫若也说："他（庄子）的寓言多是由他那葱茏的想象力所构造出来的。"

(《庄子与鲁迅》)

想象丰富并非庄子所独有，在不可尽数的中国古代文学家中，许多人都具有这样的能力，尤其是那些浪漫主义流派中的人物，更是如此。但是，庄子的想象却有与众不同之处。其一，一般人的想象是站在人的角度来看世界（宇宙）；而庄子不然，他经常是站在宇宙角度来看事物，因而感觉与一般人迥然不同。一般人认为是大的，他可以看成小的；一般认为小的，他可以看成大的。因为宇宙分为两极，有无限大和无限小，现在叫作"大宇宙"和"小宇宙"。站在无限大或者说大宇宙的一极来看万物，万物都是无限小；站在无限小或者说小宇宙的一极来看万物，万物都是无限大。所以他可以视天地为稊米，视毫末为丘山。表现在创作上，他就能把两国大战描写成蜗角之争，把任公子钓鱼描写成坐山钓海。其二，一般人的想象是站在物的立场来看待万物，万物之间是界限分明、确定、不可逾越的；而庄子却不然，他经常是站在"道"的立场来看待万物，因而万物之间没有明确固定的界限，而是彼此一体，万物齐一；物与物可以相互转化，是为"物化"。表现在创作上，庄子可以使鲲变为鹏，庄周变为蝴蝶。因此，他的具有浓厚奇幻色彩的想象并非痴人说梦、狂人妄语，而是以他的哲学思想为基础的形象思维活动。庄子所创作的为数众多的讲哲学问题的寓言故事，就是以他的哲学观点

为尺度而建构起来的美丽的海市蜃楼。所以刘熙载评论道:"庄子文看似胡说乱说,骨里却尽有分数。"(《艺概·文概》)

庄子具有这种奇特的想象力,所以,他的哲学寓言大都有着奇妙的意境,二者和谐统一,浑然天成,可以说达到了出神入化的境地。明朝人杨慎曾将庄子与李白并列,说:"庄周、李白,神于文者也,非工于文者所及也。"(《总纂升庵合集·琐语》)实为高人灼见。"工于文"是指技巧问题,通过磨炼可以达到;"神于文"不单是技巧问题,而且是思想境界、才能气质问题,这不是只凭磨炼工夫所可以达到的。刘熙载说庄子文章是"意出尘外,怪生笔端"(《艺概·文概》),这两句言简意赅的评论准确地揭示了《庄子》文章的根本特征。其中"意出尘外"是基础,"怪生笔端"是表现。不能"意出尘外",就难以"怪生笔端";建立在"意出尘外"基础上的"怪生笔端",就自然和谐,自成妙境;不能"意出尘外","怪"就是狂人妄语,"胡说乱说"。庄子文章乍看似"猖狂妄行",细味乃"蹈乎大方",正是"寓真于诞,寓实于玄,于此见寓言之妙"(《艺概·文概》)。奇特的想象与奇妙的意境的和谐统一,说到底是作者内在的精神境界和外在的高超的表现技巧的和谐统一的体现。《庄子》中"列御寇为伯昏无人射"的寓言就讲了这个道理:

列御寇为伯昏无人表演射箭,他拉满弓弦,在臂肘上放杯水,发射时,刚射出第一支箭,第二支紧跟着就放到弦上;第二支箭刚射出,第三支箭又扣上弦,箭箭命中目标。这时候,他就像木偶一般(稳立不动)。伯昏无人说:"你这是有心要射的射法,不是无心要射的射法。我试着和你一同登上高山,站在险石上,身临百丈深渊,看你能不能射。"于是无人就登上高山,站在险石上,身临百丈深渊,背对深渊向后退着走,脚有二分悬在外面,邀请列御寇上前;列御寇害怕得趴在地上,大汗直流到脚跟。于是伯昏无人说:"至人,上面可以窥探青天,下面可以测量黄泉,任意遨游四面八方,神色不变。现在你惊慌目眩,对于射中目标是无能为力了。"(《田子方》)

这个故事中,列御寇与伯昏无人的区别,正是"工于射者"和"神于射者"的区别,二人精神境界不同,表现在射技境界上也大相径庭。列御寇表演射技是为了博得称赞,临危惊慌是因为惧怕死亡,心中存有死生得失之患,所以就难以达到最高的射境。这说明,无论具有怎样高超的技巧,如果没有高超的思想境界,技巧也就无法施展。当然,只有高超的思想境界而缺乏高超的技巧,也不能创造出奇妙的意境。文学创作也是如此。由于庄子具有自觉的宇宙意识（这是当时理性思索的最高成果之一）、物化意识，能够超越时空局限，摆脱死生束缚，齐一万物，所以才能创造出众多的奇幻莫测的寓言作品，具有"言有尽而意无穷"的艺术境界。庄子寓言擅长进行生动形象的叙述、描绘，编造离奇荒诞的故事情节，更善于进行画龙点睛式的寓意揭示。前者着意画龙，为点睛作好铺垫，制造气氛；后者点睛，为前者赋以灵魂，提高境界。二者有机结合，便创造出一幅幅引人入胜、促人深思的完美意境。如《任公子钓鱼》：

> 任公子做了个黑色粗绳和大钩，用12条牛做钓饵，蹲在会稽山顶，把钓竿投到东海，天天在那里钓，整年都没有钓到鱼。忽然有条大鱼来吞食钓饵，牵动大钩沉下水去，翻腾而振鳍，掀起的白浪像山一样高，海水震荡，声音如同鬼叫神号，千里之外都感到震惊。任公子钓到这条大鱼，把它剖开晒成肉干，从浙江以东到苍梧山以北，人们没有不饱尝这鱼肉的。而后衡量人才，善于讽说的人，都惊讶地互相传说这个故事。那些拿着小竿小绳到小河沟，守着一些小鱼垂钓的人，要想钓到大鱼是很难的。那些粉饰浅识鄙语来求大名的人，要想飞黄腾达，也就差得太远了。所以不知任公子风范的人，他们要想参与经理世事，也就相离太

远了。(《外物》)

这篇作品意在说明：要想取得惊人的成功，必须具有超人的气概，用大工夫，花大力气，而一般浅薄的急功近利之徒是不可能做到的。道理并不深奥，但作者舍弃了一般说理的方式，在写作中却首先站在小宇宙的角度，极尽夸张之能事，为读者描绘出一幅任公子钓大鱼的惊心动魄的场面，造成阔大的意境，以便惊醒世人。因为越是平常易懂的道理，就越是被人忽视，所以作者是有意追求惊世骇俗的艺术效果，引起读者的高度重视，在心灵中留下深刻的印象。又如：

> 庄子送葬，经过惠子的坟墓。庄子回过头来对随从的人说："从前郢都有个泥工，鼻子上沾了一点白灰，薄薄的一层，像苍蝇翅膀一样。他让一位名叫石的匠人替他把白灰砍掉。匠人抡起斧子，生起一阵风；郢人任他砍去，结果把白灰削得干干净净，鼻子却一点也没伤着，郢人站在那里，面色不变。宋元君听到这件事，便把匠人石召来，对他说：'试着为我砍一下。'匠人说：'我曾经可以做到，但是敢让我砍削鼻子的人死去很久了。'自从惠子死后，没有谁可以作为我的辩论对手了，我没有可以同他谈论的人了啊！"(《徐无鬼》)

这个故事旨在告诉人们诤友之不易得,但作者却为此创作了石匠运斤成风的寓言来体现这个道理,竟然让匠人用斧头来削鼻子上的白灰,真是异想天开,奇特惊人,无比生动;并且把它放在庄子送葬的特定环境中来叙述,最后又发出充满深情的感叹,使寓言本身具有更加深沉的意境,令读者不禁为之伤感,其巨大的艺术感染力简直无法抗拒。这里面蕴藏着作者丰富的人生经验,极易引起读者共鸣,启迪读者的幽思,意味无穷。像此类意境高妙的寓言,《庄子》中不在少数。由此可见,奇特的想象与奇妙的意境高度和谐,是《庄子》寓言具有强大的艺术魅力的一个源泉。

第三,真挚强烈的感情与自然瑰丽的语言高度统一。庄子虽然主张对世事冷漠,标榜"哀乐不入于心",但并不是一个没有感情的人。实际上,他是一个感情极为丰富的人。这一点,古人早已注意到,如明代文学家杨慎说:"《庄子》,愤世嫉邪之论也。"(《庄子阙误》)清代陈忱称《庄子》是一部"怒书"(《水浒后传原序》)。不过,他们的着眼点都集中在庄子对社会的批判方面。诚然,在这方面,庄子的感情表现得是相当充分、激烈的。只要是读过《庄子》的人,对这一点都会有深刻的感受。由于庄子对现实社会的批判带有彻底否定的性质,因而他对社会黑暗的揭露就特别深刻，抨击就特别猛烈，感情就特别愤恨，有时简直近乎破口大骂了："圣人不死，大盗不止。"(《胠箧》)"无耻的人反而富有,善于夸言的人反而显贵。"(《盗跖》)借跖之口怒斥孔子："你编造谎言，假托文武，戴着树枝般的帽子，系着死牛皮的腰带，絮絮叨叨胡说八道；不耕而食，不织而衣，摇唇鼓舌，搬弄是非，来迷惑天下的君主，使天下的读书人不能返回根本，假托孝悌之名来侥幸求得封侯富贵。你罪大恶极，赶快滚开！不然，我就要把你的肝来作今天的饭菜了！"像庄子对统治者如此咬牙切齿地痛恨，在诸子文章中是绝无仅有的。愤恨的感情发展到极点，就会走向冷漠，所以庄子对现实的冷漠正是他对现实彻底否定的必然结果。然而，这只是感情发展的一个方面，另一个方面就是对理想的执着、热烈的追求与向往。对黑暗现实愈是冷漠，对光明理想就愈是执着，这可以说是庄子及其后学的一个普遍心理特征。《庄子》对真人、至人、神人等理想人物的描写充满崇敬，对理想社会（至德之世、建德之世）的描绘充满着憧憬，并且满怀激情地塑造了许多体道之人的艺术形象，使他们呈现出超凡脱俗的精神境界，与现实中的不择手段来贪求名利权势的人物形成鲜明的对比，其中都寄托着作者对理想的追求，对光明的向往。这个理想社会是他的炽热情感所钟爱的一个神圣的世界，是他心灵的归宿。另外，庄子对人生苦难体会至深，对命运的不公平充满着怨恨，常表现出一种无可奈何的愁苦之情，如：

> 子舆与子桑是朋友。淫雨霏霏一连下了十天。子舆说："子桑大概要饿病了！"于是就去送饭给他吃。走到子桑的门口，就听到里面有又像歌唱又像哭泣的声音，还在弹着琴说："父亲啊！母亲啊！天啊！人啊！"声音微弱得好像发不出来，又要急于把他的诗表达出来。子舆走进去说："你唱的诗，为什么是这种调子？"子桑说："我在思索使我落到这般穷困的地步的原因，却得不到解释啊！父母难道要我贫困吗？天无偏私，覆盖一切，地不偏私，负载一切，天地难道要我贫困吗？求索使我贫困的原因而得不到啊！那么我落入这般贫困的绝境，大概是由于命运吧！"（《大宗师》）

这篇寓言真可谓字字血泪，读之令人不胜其悲！从中也可以体会到主人公对幸福人生的向往之情是何等的强烈！还有子舆与子桑二人之间那种难得的真挚友情，不是也足以令人感动吗？这不就是王国维先生所说的"散文诗"吗？像这样具有感染力量的段落，在《庄子》中比比皆是。

《庄子》文章之所以令人爱不释手，除了他那极具思辨色彩的深奥哲理、奇特的人物形象、丰富的想象、高妙的意境和充沛的感情之外，语言的自然优美、绚丽瑰玮也是重要原因。庄子是当之无愧的语言大师。他运用语言的高超艺术，在古往今来的文章家中是出类拔萃的。无论什么样的人、物、事、景，亦无论什么样的感情与心理，一经他那神来之笔的描绘，无不惟妙惟肖，可感可见，跃然纸上。

《庄子》文章表现出内容与形式的高度统一，其中感情与语言的和谐统一是一个重要方面。庄子的感情是丰富的，语言是多变的，随着感情波涛涌动变化，语言的形式也自由转换，无所羁绊。语句参差，长短错落；语调时而舒缓婉转，时而激越猛烈；或韵或否，安排自如；辞采绚丽，节奏明显，语调铿锵，富有音乐美；善于运用各种修辞手法，比喻、象征、夸张、拟人、排比、对偶等层出不穷，使人目不暇接。《庄子》善于将叙事、描写、议论巧妙地结合起来，形成一种自由奔放、汪洋恣肆、自然流畅、瑰丽华美、跌宕变幻、摇曳多姿的语言风格。正像宋人高似孙所说，其文"如长江大河，滚滚灌注，泛滥乎天下；又如万籁怒号，澎湃汹涌，声沉影灭，不可控搏"（《子略》）。又如明代罗勉道所评："风云开阖，神鬼变幻"，"古今文士，每每奇之"。（《南华真经循本》释题）又像清人刘熙载所论，《庄子》文"缥缈奇变，乃如风行水上，自然成文"(《艺概·文概》)。三人所见，虽不尽相同，但都道出了《庄子》文风的一个侧面。明人朱得之赞叹道："求文辞于先秦之前,《庄子》而已！求道德于三代之季,《庄子》而已！"(《庄子通义·自序》)朱氏的话，正道出了《庄子》文章内容与形式高度统一的特征，堪称的论。

三 《庄子》与中国传统思想

以研究社会和人际关系为重点,以崇仁行义序人伦为中心的儒家思想,在孔子创建以后,虽然遭到墨、道、法等各种思想派别的激烈批判,甚至遭到秦始皇焚书坑儒的严重打击,但西汉武帝之后,仍然能够成为中国传统思想的主体,在两千多年漫长的历史发展过程中,坚守着它在社会思想领域中的主导地位。究其原因,除了它适应以小农经济为基础、以血缘宗法关系为纽带而建立起来的中国古代皇权专制制度的社会性质之外,它还具有很大的兼容性,善于在同异己的思想体系斗争中,不断吸收、改造、融合对方的某些思想元素,来补充、丰富自身,随着时代的不同而以不同的理论形态出现,以便适应新的社会政治需要。比如,以提倡"德治""仁政"为特点的儒家政治思想,在西汉以后吸收了法家的某些观点,逐渐形成了"阳德阴刑"、明儒暗法、儒法并用的基本模式，长期为统治阶级所采用。在哲学思想、处世态度等方面，吸收、改造、融合了道家的某些观点，逐步形成了儒道互补的模式，使之成为中国传统思想的基本特点之一。因此，我们这里所说的《庄子》与中国传统思想的关系，实际上主要就是指它和不同时期不同形态的儒家思想的关系。

1.《庄子》与荀卿之儒

在先秦诸子中，第一个提到庄子的是战国晚期儒家学派的代表人物荀子，他比庄子晚出生约半个世纪。这个时代，秦国经过商鞅变法，完成了政治、经济等方面的改革，国势强盛；秦国几次大败另一个大国楚国之后，天下的政治、军事形势日渐明朗，由秦国来统一天下的趋势已不可阻挡。与这个局势相适应，战国时代学术上百家争鸣的局面也渐趋衰落，要求思想统一的倾向正在上升。荀子可以说是对战国时代各个学派进行总结性批判的第一位思想家。他以儒家思想为基础，对各家学派的思想作了认真的研究，同时进行了扬弃和吸收，从而建立了不同于孔、孟的新的儒家思想体系，人称荀卿之儒。荀子思想的最大特点是他主张"明天人之分"，"隆礼重法"，王霸并用，带有明显的向法家靠拢的倾向。所以，他的两个很有成就的学生韩非与李斯，都是后期法家的代表人物。

荀子对庄子思想的基本态度也是批判的，这一点同他对其他各家学派一样。但是，这并不等于说他对庄子的思想是全面拒绝的。他在《解蔽》中说："庄子蔽于天而不知人"，"由天谓之道，尽因矣"。意思说庄子被天（自然）的作用所蒙蔽，而不懂得人的作用；如果把只是顺应自然就叫作道，那么人们就都只能消极地听天由命了。荀子对庄子思想的这种批评是非常中肯的，确实击中了庄子思想的要害。从他对庄子思想的批评来看，他反对的是庄子思想的片面性，而不是庄子思想的全部内容，因而他对庄子思想有所吸收是可以理解的。

庄子思想对荀子的影响，主要有以下几个方面。首先，最显著的方面，莫过于他对自然以及人与自然关系的思考，这也是他对儒学发展的巨大贡献。我们知道，孔子、孟子的理论所关注的中心问题是对社会及人际关系的探讨，他们的思想大都局限于伦理政治的范围之中，而对自然以及人与自然的关系则不太注意或很少注意。他们虽然谈到了"天"，但他们的思想体系中"天"的概念主要内涵是指有意志的主宰者，或者说他们的"天"仍然是带有浓厚伦理色彩的"天"，而不是自然。到了荀子那里，就发生了根本性的转变。荀子把"天"理解为物质性的无意志的、但其运行变化是有规律的自然的"天"了。他说："众星相随旋转，太阳和月亮交替照耀，四季轮番交替，阴阳二气互相转化,风雨普遍地施于万物,万物各自得到它们的调和而出生,各自得到它们的营养而成长。人们看不见大自然是怎样工作的,却能看到它们的功效,这就叫作'神妙';人们都知道大自然能够生成万物,却不知道它生成万物的过程是不露形迹的,这就叫作'天'(自然)。""天有固有的规律,地有固有的法则","自然(天)的运行是有规律的,它不因为有了尧这样的圣人而存在,也不因为有了桀这样的暴君而灭亡。用合理的措施来适应它,就会得到吉祥;用不合理的措施来对待它,就会发生灾难"。(《天论》)又说:"天地合而万物生,阴阳接而变化起。"(《礼论》)荀子所以能有如此与孔、孟迥然不同的观点,显然受了庄子自然哲学的影响。庄子就曾说过:"至阴肃肃,至阳赫赫;肃肃出乎天,赫赫发乎地,两者交通成和而物生焉,或为之纪而莫见其形。"(《田子方》)"天地固有常矣,日月固有明矣,星辰固有列矣。"(《天道》)"阴阳四时运行,各得其序。"(《知北游》)"道者,万物之所由也,庶物失之者死,得之者生;为事逆之则败,顺之则成。"(《渔父》)当然,荀子的思想与庄子并不相同,例如庄子所说的"道"具有万物存在的根源的意义,并不等于荀子所说的"天行有常"的"常"。但是,荀子从庄子那里受到启发是完全可能的。另外,荀子也说过:"大道者,所以变化遂成万物也。"(《哀公》)这就明显地表现出他是受到了庄子关于"道"的观念的影响。

其次,庄子关于"气"为构成万物的基始元素和人类起源的观念对荀子也有影响。荀子在《王制》中写道:"水火有气而无生,草木有生而无知,禽兽有知而无义,人有气、有生、有知,亦且有义,故最为天下贵。"这段话的意思很明显的是说万物都是由"气"构成的,水火由气构成而无生命;草木(由气构成)有生命而无知觉;禽兽(由气构成)有了生命、知觉而不懂得礼义;只有人才是由气构成,而且既有生命,又有知觉,又懂得礼义。中间两句在推论时承上文省去了"有气","有气、有生"。不难看出,这与庄子"通天下一气耳"的观点是相通的。此外,荀子这段话还含有万物的发展是由无生物(水、火)到植物,再到动物,最后到人的一个由低级到高级的过程,这与庄子在《至乐》篇中所说的万物的发展过程是近似的,很可能也是受到了庄子的启发。庄子说,物种中都有一种叫作几的极微小的东西,它得到水以后就变成了一种叫作鼇的草,草又变为虫,虫又变为鸟、变成马,马又变成人,人又变回去成了几,"万物皆出于机('通几'),皆入于机"。(《至乐》)最后人义变成"机"这一步骤,反映了庄子认为人是自然的一部分,是自然的产物,应该回归自然的运动循环观点。荀子不取这一点,是很高明的。在当时科学技术水平很低的条件下,庄子和荀子当然不可能阐明物质的发展规律，也不可能探知人类的真正起源。但是，他们根据想象，能够推测到事物由低级到高级的发展规律，已属难能可贵的了。我们完全有理由说，这是人类在思索自身与自然的关系方面而获得的具有一定真理成分的重大思维成果。

第三，荀子关于"明天人之分"的观点也是受了庄子的影响。荀子认为自然有自然的职能，人有人的作用，二者是有区别的，人不应与自然"争职"；自然的职能是"不为而成、不求而得"，人的职能是"有其治"，即对社会和自然进行治理。这种观点在《庄子》中也可以找到来源。《庄子·秋水》说："天在内，人在外。""牛马生来就有四只脚，这就叫作天（自然）；给马带上辔头，用绳穿过牛鼻，这叫作人（人为）。"属于自然的是事物的本性，所以叫作"内"；属于人为的是从外面强加上去的，所以叫作"外"。"内""外"是有区别的，"天""人"是不同的。这与荀子的"天人相分"的观点是一致的，或相通的。但是，二者的理论走向却不一致，甚至完全相反。庄子提出"天人相分"，是为了否定人为，宣扬无为，一切应当因顺自然，"无以人灭天"（《秋水》）；荀子提出"天人相分"，是为了强调"人为"，主张用人的努力来控制、利用自然，"制天命而用之"（《天论》）。在如何对待"天"这个理论的十字路口，庄、荀分道扬镳了。尽管如此，我们还是可以看出二者在探索天人关系时，思想上是有联系的。

第四，在对"道"的认识、把握方法方面，荀子的理论也受到了庄子的影响。荀子讲的"道"与庄子不同，经常是指治国的根本原则或伦理道德规范，但有时也指判断是非的标准，具有最高真理的性质。这后一种"道"的含义与庄子所讲的"道"有某些近似之处。如"夫道者，体常而尽变，一隅不足以举之"，意思是说"道"是固定不变的，但却穷尽了万物的一切变化，片面认识是不能概括它的全部内容的。所以，荀子认为各家学派的理论都是只看到了道的某一个方面，就以为是全面的道，这样对内既扰乱了自己，对外又迷惑了别人，因而是不正确的。不难看出，荀子的这种观点同《庄子·天下》中的论述是一致的。《庄子·天下》说："天下大乱，圣贤不明，道德不一，天下多得一察焉以自好。"正是由于这些学问"不该不备"的"一曲之士"的扰乱，才使得"内圣外王之道，暗而不明，郁而不发"，所以庄子感叹道："悲夫！百家往而不反，必不合矣！后世之学者，不幸不见天地之纯，古人之大体，道术将为天下裂。"可见，庄、荀二人对春秋战国以来各家学派所持的批评态度是相当一致的，只不过是庄子对作为最高真理的道被割裂、被蒙蔽的社会现实更加充满了悲叹惋惜的感情而已。那么，如何才能认识和把握真正的道呢？荀子说："人何以知道？曰：心。心何以知？曰：虚壹而静。"所谓"虚"，就是不因为已经有的认识妨碍将要接受的新知识；所谓"壹"，就是不因为那一方面的知识妨碍这一方面的知识；所谓"静"，就是不因为不切实际的梦想和繁杂的事物来干扰认识。荀子认为这就是认识道的正确方法。荀子又说："知道察，知道行，体道者也。虚壹而静，谓之大清明。"（《荀子·解蔽》）意思是说，认识道很清楚，认识了道就去实行，这就是体悟到道了；"虚壹而静"，这就叫作认识上的极端透彻明白。显而易见，荀子的这种思想是从庄子那里接受来的。庄子认为只有"心斋"才能悟道，"唯道集虚。虚者，心斋也"（《人间世》）。又说："圣人之静也……万物无足以铙心者，故静也。""水静犹明，而况精神。圣人之心静乎！天地之鉴也，万物之镜也。"（《天道》）上面荀子的话就是对庄子的这段话的改造和发挥。另外，荀子的理想人物就是达到"大清明"境界的人，这种人"广大无垠，谁能知道他的思想的边际！浩瀚无涯，谁能知道他的道德的高深！沸腾变化，谁能知道他的形象的伟大！他的思想与日月同辉，充满宇宙！这就叫大人"（《荀子·解蔽》）。荀子对理想人物的描绘，与庄子对"真人"形象的描绘何其相似，这也可以证明他的思想与庄子的思想之间，确实是有联系的。

2.《庄子》与两汉经学

两汉 400 年间，庄子并没有受到特别的重视，其思想影响相对来说比较薄弱。西汉初年，统治阶级接受秦朝速亡的教训，为了缓和阶级矛盾，恢复国家的生机，治疗战争创伤，曾实行休养生息的政策，以"清静无为"的黄老思想作为指导思想。所谓"黄老"是指黄帝、老子；庄子不在其中，并未受到尊崇。司马迁之父司马谈写《论六家之要指》，推崇道家，但主要是阐述老氏之学；司马迁在《史记·老子韩非列传》中虽然为庄子立传，那不过是把他作为老子思想的传播者附在《老子列传》之后。汉武帝时，接受了今文经学大师董仲舒的建议，"罢黜百家，独尊儒术"，设立五经博士，以三纲五常为核心，以阴阳五行为框架，建立了宣扬天人感应的汉代儒学思想体系，使神化了的儒学在社会思想领域里占据了统治地位，儒家典籍遂成为神圣不可侵犯的带有法典性质的经典，以学习、研究、解说和传授儒经为内容的汉代经学也随之大盛，成了御用之学。在这一学术文化背景下，包括庄子思想在内的道家思想自然和其他学派思想一样受到了排斥。但是，这只是事情的一个方面。另一方面，庄子思想虽然不被重视，并不等于说就没有人学习、研究它。实际上，庄子思想仍然在传播，并以隐蔽的形式在思想领域内发生着影响。如汉初著名思想家、文学家贾谊在《鵩鸟赋》中说:"万物变化兮,固无休息;斡流而迁兮,或推而还。形气转续兮,变化而嬗;沕穆无穷兮,胡可胜言?"又说:"天地为炉兮,造化为工;阴阳为炭兮,万物为铜。合散消息兮,安有常则?千变万化兮,未始有极。"其主要意思是说万物永远处在不停的变化之中,万物的产生与消亡都是阴阳二气的作用,是有形体的与无形体的气互相转换、延续;自然(造化)就好像铸造者,天地就像大熔炉,阴阳二气就像燃烧的炭,万物就是在这样的熔炉中铸造出来的。贾谊的这种观点明显来自《庄子》,甚至连用的比喻也是搬用《庄子·大宗师》的。再如《淮南子》中关于宇宙起源的论述也明显地受到了庄子思想的启发。其《俶真训》说:"有始者,有未始有有始者,有未始有夫未始有有始者。有有者,有无者,有未始有有无者,有未始有夫未始有有无者。"这一段话的论述方式,甚至语句都和《庄子·齐物论》中的论述相似,足见二者之间是有前后传承关系的。但是,《齐物论》对每句话都未作进一步的解释,而《淮南子·俶真训》却对每句的含义又作了详细的说明,原文较长,不再引出。其大意是:"有始者",是指天地开始发生的阶段,还处在萌芽状态,"将欲生兴,而未成物类";"有未始有有始者",是指天地生成之前,还没有形成征兆痕迹的阶段,只是"天气始下,地气始上,阴阳错合";"有未始有夫未始有有始者",是指天地生成之前的以前,元气还未分为阴阳二气的阶段,还处在"寂寞""冥冥"的状态;"有有者",是指有形体的万物已经存在,而万物都是一个通过感官可以把握的"有数量"的有限存在;"有无者",是指宇宙的无限性,是一个不能视、听、摸、望的存在;"有未始有有无者",是指宇宙是有限与无限的统一,"包裹天地,陶冶万物,大通混冥。深闳广大,不可为外;析豪剖芒,不可为内",它无边无际却是有限与无限的共同根源;"有未始有夫未始有有无者",是有限与无限统一以前的状态,"汪然平静,寂然清澄"。《淮南子》的这些解释显示它的思想与《庄子·齐物论》是不相同的。《淮南子》并未怀疑"有""无"的存在,也没有否定"有""无"的差别;而《齐物论》则不然,它说:"俄而有无矣,而未知有无之果孰有孰无也。"尽管如此,我们也不能否定它们在思想上的联系。在汉武帝"独尊儒术"的社会文化环境下,《庄子》在思想界的影响依然存在,甚至连"独尊儒术"的倡导者董仲舒也不例外,他说"天地之精,所以生物者"(《春秋繁露·人副天数》),"天地之气,合而为一,分为阴阳,判为四时,列为五行(木、火、金、水、土)",这里的"天地之精"与"天地之气"是一个意思,它是生成万物的根本,这与庄子"通天下一气耳"的观点也是相通的。可见董仲舒这个神学目的论的创造者为了构建他的理论体系,有时也在悄悄地贩运庄子自然哲学的某些思想观念。

西汉后期，社会政治危机加深，统治阶级感到难以维持摇摇欲坠的统治，便求助于神学迷信，假托神示，制造预言，以自欺欺人。经统治阶级的宣扬和提倡，由神学目的论演化出来的妄说灾祥、预言吉凶的谶纬神学风靡各个角落，成了东汉社会的主导思想。谶纬之学实际上是宗教神学与庸俗经学相结合的产物，在它的流传过程中，不断遭到有识之士的抵制和批判，盛行于东汉时期的古文经学派就是抵制谶纬迷信思想的中坚力量。扬雄、郑尹敏、王充、仲长统等人，就是其中的代表。值得注意的是，他们在同谶纬神学进行斗争时，所采用的理论武器，大都来自庄子的自然哲学，或者说与庄子的自然哲学有相通之处。比如扬雄认为混沌的元气是天地的根源，"元气始化"是天地的萌芽，天地相交即生万物，物是自然生成的，并没有什么主宰者；生死变化是"自然之道"。（见《法言》之《修身》《君子》等篇）在批判神学目的论方面，表现最坚决、成绩最突出的是王充，他在斗争过程中形成的"气一元论"思想，在中国哲学史上占有重要地位。王充虽然在形神关系问题上批判了庄子的"薪灭火传"的观点，但对庄子自然哲学思想却有多方面的吸取。王充关于元气是天地万物的原始基础的观点，万物自生的观点以及人是自然的一部分、万物之一种的观点，都明显地受到了庄子的影响。比如他说："天地,含气之自然也"(《论衡·谈天》),"天地合气,万物自生。""因气而生,种类相产,万物生天地之间,皆一实也。"(《物势》)"人在天地之间,物也;物,亦物也。"(《雷虚》)"人,物也,万物之中有智慧者也。其受命于天,禀气于元,与物无异。"(《辨祟》)这些论述都与《庄子》"通天下一气耳"的思想相合。在《自然》篇中,王充更是明确说明他对"自然"的认识是"依道家论之",王充所说的"道家"主要指的就是老子、庄子。

由上述可见,以维护正统儒学为己任的王充等人在同神学化的经学、谶纬之学作斗争时,援用了庄子"通天下一气耳"的思想观点,他们在构建自己的与神学目的论、谶纬迷信思想相对立的思想体系时,不同程度地接受了庄子的某些观点。这个事实也显示了庄子的自然哲学是有生命力的,是汉代思想家批判两汉神化了的儒学思想的有力武器。

3.《庄子》与魏晋玄学

东汉后期,政治腐败,政局动荡,统治集团内部的互相残杀愈演愈烈,外戚、宦官专政,党锢之祸接连不断,使得神学化的经学理论再也无法自圆其说,逐渐失去了维系人心的力量。一些有识之士看到政治腐败的无可救药,开始逐渐与皇权疏离,追求适性自乐的自由人生。在这种形势下，神学经学的阵势也迅速土崩瓦解，溃不成军了。与此同时，汉代兴盛的学术经学，也走向了烦琐哲学的死胡同，往往解释二三字就费数万言，使人望而生畏，不敢问津，因而出现了衰落趋势。这样，在社会指导思想的位置上就出现了空白。于是到了魏晋时期，先秦诸子之学又重新活跃起来，思想上呈现出比较自由的局面，以儒道合流为特征的玄学思潮就是在这种背景下形成，并逐渐代替了传统儒学的统治地位，成为儒学发展史上一个特殊的形态。

玄学的兴盛有其深刻的社会原因。东汉后期形成的门阀士族，曹魏时期已取得了统治地位。他们仅靠自己的门第出身，就可取得高贵的地位，享受奢侈的生活，无须再走通经取仕的道路，因而对经术学问也就失去了兴趣。他们所需要的是既能维护其特权地位，又能为他们的奢侈生活提供理论根据，并为他们的空虚心灵提供精神寄托的思想。经过汉末怀疑思潮批判过的，自身已是矛盾百出、千疮百孔的汉代经学业已不能适应这种需要，所以对它进行改造、补充就是十分必要的了。为了给以儒家伦理纲常为核心的名教寻找新的理论根据，他们便把目光投向了老庄哲学的自然本体论，援道入儒就成了必然趋势，这样就形成了名教与自然相结合的玄学思想。一些被排挤在统治集团之外的，或不愿与统治者合作的士人，也用老庄哲学作为反对名教，追求精神上的自由，摆脱伦理纲常的束缚的理论根据，形成了玄学思潮中的一个特殊流派。

另外，玄学的产生与汉末"清议"之风也不无关系。所谓"清议"，就是指当时一些不满政治黑暗的士人在一起议论朝政，品评人物，"品核公卿，裁量执政"（《后汉书·党锢列传》）的活动。到了魏晋时期，又发展成为探讨品评人物的一般原则、辨名析理的名理之学，促进了儒、道、名、法各家思想的融合，这种趋势便为玄学的出现开辟了道路。三国时魏人刘劭的《人物志》就反映了这种倾向。例如他在《释争》篇中说："君子之求胜也，以推让为利锐，以自修为棚橹，静则闭嘿泯之玄门，动则由恭顺之通路。"《九征》篇说："中和之质必平淡无味。"《体别》篇说："中庸之德，其质无名。"这里刘劭把"推让"视为立身之道，实质是要将道家的"无为"思想融合在儒家的"修身"教条中去；把"平淡"看作"中和之质"，将"中庸"与"无名"结合起来，都明显地表现了儒、道融合的倾向，对玄学的产生有很大影响。

魏晋玄学的演变轨迹是："玄学的开创者何晏、王弼，极力主张以自然为本，以名教为末，其特征是以儒合道，'贵无论'是他们调和儒、道的哲学依据；阮籍、嵇康是玄学中的异端，他们把'正始时期'玄学以自然为本的思想推向极端，而极力贬斥名教，提出'越名教而任自然'的主张,其特征是儒、道分离;裴颜则极力纠正前者排斥以致贬抑儒学的倾向,起来维护儒学和名教的权威,'崇有论'是其哲学的基本依据;西晋元康时期,向秀、郭象则进一步论证了'名教'与'自然',儒与道的一致性,在理论上把有、无,名教、自然统一起来,其特征则是以道合儒,用儒家思想解释道家经典,侧重点则转向儒学。这样,玄学一步步完成了调和儒、道的思想进程,儒学在这一进程中也逐渐被玄学化。"(赵吉惠等著《中国儒学史》第390—391页)儒、道融合是玄学发展的基本倾向,因而它的总体特征是"在儒而非儒,非道而有道"(《晋书·王湛传》)。

颜之推《颜氏家训·勉学》说:"《庄》《老》《周易》,总谓三玄。"随着玄学的兴起与盛行,庄子的命运发生了历史性的转折。清人洪亮吉说:"《庄子》一书,秦汉以来皆不甚称引。自三国时何晏、阮籍、嵇康出,而书始盛行。陈寿《魏志·曹植传》末言(何)晏好老、庄言,《王粲传》末言(阮)籍以庄周为模则,于(嵇)康则云好言《老》《庄》。'老庄'并称,实始于此。于是崔譔、向秀、郭象、司马彪等,接踵为之注,而风俗亦自此移矣。"(《晓读书斋初录》卷下)洪氏此论基本上是正确的,尤其他指出《庄子》在魏盛行之后,不仅对士人的思想产生了深刻影响,而且改变了整个社会风俗,是很有见地的。但洪氏之论有两点不够恰切。其一,"老庄"并提,并不始于魏晋,早在一个多世纪前,班固在《汉书·叙传》就称班嗣"虽修儒学,然贵老严之术"。"严"即"庄",为避汉明帝刘庄之讳而改称"严"。西汉初,淮南王刘安召集门客撰《淮南子》,其中《要略》说:"《道应》者,揽掇遂事之踪,追观往古之迹,察祸福利害之反,考验乎老庄之术,而以合得失之势者也。"这应该是学术史上最早以老庄并称的。其二,"老庄"并称到晋以后常写成"庄老",这不只是文字上的颠倒,而是反映老子、庄子地位的变化,庄子已高居老子之上。如魏末嵇康《与山巨源绝交书》、西晋郭象《庄子注》、东晋孙盛《老子疑问反讯》、南朝梁刘勰《文心雕龙》、北朝齐颜之推《颜氏家训》等屡称"庄老"。前面所引《颜氏家训·勉学》中论"三玄"的话,又将《庄子》置于"三玄"之首,足见当时人们是如何推崇《庄子》了。这种情况与两汉时代形成了鲜明对比。如果说两汉时代的所谓道家是以老子思想为主要内容的话,那么魏晋时代所说与儒家合流的道家则逐渐变为主要是指庄子的思想。时代不同,人们注意的焦点也各有偏重。

就庄子同魏晋玄学的关系来看,在不同时期不同流派中表现也各有特点。以何晏、王弼为代表的"贵无派",主要利用玄学来对儒学进行改造,用老庄思想对儒经进行新的解释,按道家理想人格来重新装扮儒家的圣人孔子,表现出儒道合流的倾向。他们主要借重老子,何晏既著《道德论》,又作《论语集解》;王弼既作《老子注》,又作《周易注》和《周易略例》,并著有《论语释疑》;但在思想上,对庄子也多有吸收,所以史称"何晏、王弼等祖述老庄,立论以为天地万物皆以无为本"(《晋书·王衍传》),并非专主老子。如何晏在解释《论语·述而》中"志于道"一句时说:"道不可体,故志之而已。"把儒家作为伦理政治原则的道,解释为道家以虚无为本体的道,认为道是不可体认的,只有以虚静的心境才能领悟。王弼在《老子注》中说:"万物万形,其归一也。何由致一?由于无也……故万物之生,吾知其主,虽有万形,冲气一焉。"(四十二章注)"凡有起于虚,动起于静,故万物虽并动作,卒复归于虚静,是物之极笃也。"(十六章注)在《周易注》中说:"然则天地虽大,富有万物,雷动风行,运化万变,寂然至无,是其本焉。"(《复卦》注)这种万物以无为本,无的性质是虚静,万物万形都是冲气(虚气)的变化形态的思想,是对庄子的"唯道集虚""通天下一气"思想的继承和改造。因而,何晏、王弼的圣人观也同汉儒迥异,常带浓厚的道家色彩,认为"圣人体无"(何劭《王弼传》),"圣人以自然为用"(《列子·仲尼》注引何晏《无名论》),这是把道家的因任自然、恬淡虚静、无为无名作为理想人格的精神境界。阮籍、嵇康的玄学思想以自然与名教分离为特征，他们把二者对立起来，并以自然论作为批判儒家伦理纲常的武器，极力宣扬，把"越名教而任自然"（嵇康《释私论》）作为自己的口号，并且付诸实践，以行为上的放荡不羁、蔑视礼法惊闻当世。他们不再"述而不作"，借注解儒经来表述自己的思想主张，而是从事著作创论，直言不讳，甚至大声疾呼。以阮籍的《大人先生传》《达庄论》，嵇康的《与山巨源绝交书》《难自然好学论》为代表的一批论著，简直就是声讨名教的战斗檄文。他们怀着"礼岂为我辈设也"（《世说新语·任诞》）、"非汤武而薄周孔"（《与山巨源绝交书》）的愤激之情投向老庄的怀抱，欣然宣称："老子、庄周，吾之师也。"（《与山巨源绝交书》）实际上，他们在思想上更为接近庄子。如阮籍在《大人先生传》中写道："超世而绝群，遗俗而独往，登乎太始之前，览乎忽漠之初，虑周流于无外，志浩荡而自舒。"嵇康在《与山巨源绝交书》中主张"游心于寂寞，以无为为贵"。他们这种精神追求同庄子的逍遥游的理想境界并无二致。到了向秀、郭象那里，为了纠正阮、嵇将名教与自然对立，儒、道相离的倾向，他们改变了做法，不是用道家思想去注释儒经，而是用儒家思想去注解《庄子》，通过论证"名教"即"自然"的途径来调和二者的矛盾，把儒家的伦理道德原则建立在"自然"的基础上，从而使"名教"与"自然"统一起来，完成了儒学玄学化的过程。例如，阮籍、嵇康是利用庄子"无以人灭天"的思想观点,来反对名教,攻击儒家的"六经"和伦理纲常,认为他们违背了人的自然本性;而郭象则认为这些都是人的自然之性的表现,是一个事物的两个方面,是"内"与"外"的关系。他说:"夫仁义者,人之性也。"(《庄子·天运》注)"所以迹者,真性也。夫任物之真性者,其迹则六经也。"(《天运》注)"刑者,治之本,非我为;礼者,世之所以自行耳,非我制。"(《大宗师》注)这就是说,"六经""刑""礼"都是符合人的真性(自然本性)的,是自然而然地产生,自然而然地发挥作用的;也就是说"名教"是合乎"自然"的,是"自然"的表现,"名教"即"自然"。所以,庄子反对"穿牛鼻","落(络)马首",而郭象却反其道而行之,认为这些也是自然本性的表现,是"天命之固当"。"人之生也,可不服牛乘马乎?服牛乘马,可不穿落(络)之乎?牛马不辞穿落者,天命之固当也。苟当乎天命,则虽寄之人事而本在乎天也。"(《秋水》注)郭象认为,事物各有所禀受的天性,只要顺乎自己的天性,就是逍遥,他说:"夫小大虽殊,而放于自得之场,则物任其性,事称其能,各当其分,逍遥一也,岂容胜负于其间哉!"(《逍遥游》注)这就是说,事物在各自的位置上、环境中能够安分自然地生活,就都是得到了自由,没有什么好坏的区别。这就像人的身体头在上,脚在下,五脏六腑在内,皮肤毛发在外，没有什么亲疏，都是"天理之自然"（《齐物论》注）。郭象的这些观点显然与庄子不同，而近于儒家，但却是用道家的自然主义的思想重新作了解释，把儒、道两家本来矛盾的思想统一在"自然"的基础之上了。他所以能够这样做，就是因为在《庄子》中有统一二者的理论依据，那就是"道通为一""万物皆一"的更高层次的哲学观点。

玄学家们引用《庄子》来对儒学理论进行重构，在两个重要方面对儒学作出了重大贡献。一是在本体论方面作了新的论证。他们舍弃了传统儒学有主宰意志的"天"的观念，采用了高度抽象的、形而上学的"道"为本源的观念，贵无派又称之为"无"，崇有派又称之为"有"。如何晏说："有之为有，恃无以生；事而为事，由无以成。"（《列子·天瑞》张湛注引）王弼说："道以无形无名始成万物"（《老子注》一章），"无形无名者，万物之宗也"（《老子注》一四章）。这就是说"道"（"无"）是万物的本源。郭象认为："无"不能生"有"（物），物之生是"自生"。他说："无既无矣，则不能生有；有之未生，又不能为生。然则生生者谁哉？块然而自生耳。"（《庄子·齐物论》注）这就是说，"有"是万物存在的根源。物是自然而生，没有主宰者，"物者无主，而物各自造。物各自造而无所待焉"（《齐物论》注）。玄学家关于世界本源的论述，大大提高了儒学的理论品位。二是为儒学提供了新的思维方法。这一方面在玄学家们关于言意之辩的争论中表现得最突出。有的主张"言不尽意"(荀粲);有的主张"言尽意"(欧阳健);有的主张"得意忘言"(王弼);有的主张"无言无意"(郭象)。这些观点无一不是源于《庄子》。《庄子》中说:"言者所以在意,得意而忘言。"(《外物》)"可以言论者,物之粗也;可以意致者,物之精也。言之所不能论,意之所不能致者,不期精粗焉。"(《秋水》)玄学家们的"言意之辩"的论述,都是根据庄子的这个思想进行发挥和引申的。这场辩论有着特殊的意义,它向人们揭示了玄学家们所具有的不同于汉代儒学的思维方法。正如崔大华所指出的:汉代经学的思维方法是经验类推的方法,具有明显的感性的、经验的直观性质,而玄学的思维方法则是理性思辨的和理性直观的方法,带有明显的超感性、超经验的性质。这说明玄学的理论思维水平高于汉代,具有更多的思辨性和抽象性。(参看《庄学研究》第446—450页)

另外,玄学家们关于理想人格、生与死、社会理想等问题的观点,均受到庄子的深刻影响,限于篇幅,不再赘述。

4.《庄子》与唐代儒学

玄学风行的时间并不太长。西汉末年传入中国的佛教和产生于东汉的道教,在魏晋之后取得了很大的发展,儒、释、道三家的互相斗争与互相融合在以后很长的一段时间中成了中国思想发展的主要趋势。特别是在隋唐时期，统治者推行三教并重的方针，佛教进入了鼎盛时期，道教发展也出现了高潮，儒家为保持自己的统治地位仍在作不懈的努力，然而却步履维艰，走着曲折的路程。

在这样的社会文化背景下，庄子的历史命运呈现着一种奇特状况。一方面，随着李唐王朝对道教的尊崇，庄子的政治地位得到了提高，唐玄宗曾诏两京及诸州各置崇玄学，设崇玄学博士，后改崇玄学为崇玄馆，博士改称学士，令生徒学习《老子》《庄子》等书，每年均可参加科举考试，作为"明经"科的一项；又诏封庄子为南华真人，改《庄子》名为《南华真经》，进一步将庄子神仙化，将《庄子》列为道教经典。另一方面，庄子作为道家的代表人物，同老子一起不断地受到维护儒学道统的士人的抵制和批评。在这种形势之下，庄子思想就以两种方式、两个途径对社会发生着影响：一是《庄子》作为道教的经典，是道教哲学的重要思想来源，因而庄子思想在道士的著作中得到了继承与发挥。例如道士司马承祯在其《坐忘论》中论到道教修炼方法时说："学道之初，要须安坐，收心离境，住无所有，不著一物，自入虚无，心乃合道。"（《收心》篇）所谓"收心离境""不著一物"，是要人排除外物的干扰，除去一切欲望和杂念，保持虚静，进入无思无虑的境界，只有这样，才能与"道"冥合，体认大道。这同庄子的"坐忘"出于一辙,显然是从《庄子》中承袭来的。这说明,道教的哲学理论正是在庄子思想基础之上,截取庄子某些观点并给予改造而构建的。换言之,在道教盛行的时代中,庄子思想的某些方面是作为宗教的理论形态而存在,并得到广泛传播的。这种情况,在佛教理论中表现也很突出,为了节省篇幅,这个问题放在庄子与宗教一章再谈。二是某些以儒家自居的思想家,为了维护儒学的正统地位,抵御和排斥佛教、道教的影响,有时也不得不从《庄子》一书中寻找思想武器,吸收庄子的某些观点来补充自己的理论体系,使之更具说服力。这样,庄子思想尤其是其中的自然哲学的某些基本观点,又作为不同时代的新的儒学形态的组成部分而得到继承,从而对社会思想产生影响。比如,唐代的一些儒者在反对佛教的斗争中就明显地把老、庄作为自己的同盟军,提倡学习道家理论来批判佛教。如《旧唐书·傅奕传》记载,宗儒派思想家傅奕在临终时(639年)告诫其子说:"老、庄玄一之篇,周、孔六经之说,是为名教,汝宜习之。妖胡(指佛教)乱华,举时皆惑,唯独窃叹,众不我从。悲夫!汝等勿学也。"傅奕把老、庄与儒家圣人周、孔并提,明显表现出儒、道合流的倾向。还有一些学者,并不如是主张,但实际上也从庄子那里学到了不少东西,比如同韩愈站在一条战线上反对佛、老的著名思想家李翱,在他的《复性书》中提出了

"灭情得性"的口号,主张用"斋戒其心"的办法去"灭情"("情"指喜、怒、哀、惧、爱、恶、欲七种感情),说:"弗虑弗思,情则不生;情既不生,乃为正思。正思者,无虑无思也。""此斋戒其心者也,犹未离于静焉……方静之时,知心无思者,是斋戒也。"他要人们通过"斋戒",达到"至诚"的最高精神境界,说:"动静皆离,寂然不动者,是至诚也。""至诚"就可以达到"心明"的效应。"其心寂然,光照天地,是诚之明也。""寂然不动,广大清明,照乎天地,感而遂通天下之故,行止语默,无不处于极也。"显而易见,李翱的这套理论是受到了庄子"心斋""坐忘""恬淡""虚静""心如死灰"的"体道"方法的影响,并与庄子的"同乎无欲,是谓素朴;素朴而民性得矣"(《马蹄》)的思想也有联系。沿着这条思路发展下去,就走向了宋明理学的道路,所以有人称李翱"复性论"对宋代理学起了先驱作用,是很有道理的。

5.《庄子》与宋明理学

作为中国传统思想主干的儒家思想,它在的长期发展过程中,始终走着一条同异己思想互相斗争又互相融合的曲折道路,其总的理论趋向是不断增强自己的理性成分和提高自己的哲学品位,在扩展理论内容的同时,提高自己的思辨能力,特别是在经过魏、晋到唐代的艰苦锻炼,到了宋代之后，在吸收佛家、道家哲学思想的基础上，形成了熔自然哲学、道德伦理哲学与人生修养哲学于一炉的完整体系，从而达到了儒学发展的最高形态——宋明理学。理学在坚持传统儒学立场即以伦理道德为核心的前提下，表现出极强的吸收消化异己思想，特别是佛、道思想的能力，这正是它在理论上进入成熟阶段的标志。清初反理学思想家颜元指责理学家是"集释、道之大成"，虽然不免片面，但他确实看到了理学与佛、道两家的密切联系。

《庄子》一书在宋代流传更加广泛，除了道士作为道教经典必读之外，也深受文人学士的喜爱，如王安石父子、苏轼兄弟均喜读《庄子》，邵雍、朱熹、陆九渊等理学大师在自己的诗文中也多次引用《庄子》中的典故。与此同时，注《庄》解《庄》著作也较前代大为增多。如南宋道士褚伯秀所撰《南华真经义海纂微》160卷，主要集郭象等13家《庄子》注释，其中12家均为宋人，仅此一端，就可看出《庄子》在宋代的影响之大。在这种背景下产生并形成浩大声势的理学思潮，自然同《庄子》会有密切关系。尽管由于《庄子》对儒家的伦理道德原则的激烈抨击和它宣扬的"出世"人生态度同儒家思想是对立的，因而不断受到理学家的批评；但是，理学家们在对自己的理论主题作出哲学论证时，往往自觉不自觉地吸收《庄子》思想中的一些观点，作为自己理论的组成元素。

理学在一开始就同道家结下了不解之缘。它的开山人物周敦颐在他的被后人称为理学奠基之作的《太极图说》中，集中论述了宇宙本源和宇宙生成的大问题，提出"无极而太极""太极本无极"的极富思辨色彩、抽象程度极高的命题。所谓"无极"，是宇宙本体的哲学范畴。它的性质是"无"，但并非空无一物的无；"无极而太极"也并不是说在"太极"之上、之前还有个"无极"，而是说"无极"为"太极"的一种无形的状态，所以又说"太极本无极也"。周氏认为，宇宙的生成过程是"太极动而生阳，动极而静，静而生阴，静极复动，一动一静，互为其根，分阴分阳，两仪（天地）立焉"。阴阳化出天地两仪，阴阳交错又生出五行（水、火、木、金、土）、五气、四时以及万物，万物生生，变化无穷，这就生成了宇宙。不难看出，周敦颐《太极图说》是在融合儒、道和佛学思想的基础上形成的，所以清人黄百家说它是"儒非儒、老非老、释非释"（《宋元学案·濂溪学案》附录）。以后理学各家虽然派别不同，但基本上都是沿着这条思维路线发展的。周氏这篇不足250字的短文之所以会有如此深远而巨大的影响，正是因为它在传统儒学最薄弱的一个哲学基本问题即宇宙的本源和宇宙的生成问题上，对儒家思想进行补充，而且是站在儒家的立场上进行论证的，不像魏晋玄学那样带有浓厚的异己色彩。因而，我们可以说，正是周敦颐的宇宙本源及宇宙生成论，为儒学的发展开辟了新的道路，在此前的传统儒学与宋代而下的理学思潮之间架起一道桥梁，起到了承前启后的重要作用，所以他才能被称为"新儒学"——宋明理学的奠基人。

在道德修养方面，周敦颐提出了"主静论"。他在《太极图说》中写道："圣人定之以中正仁义而主静，立人极焉。"并自注道："无欲故静。"毋庸讳言，周氏的"至静"论同庄子的虚无恬淡、宁静无欲的思想之间是有某些关系的。

周敦颐开创的学派，人们称为"濂溪之学"（周敦颐号濂溪先生）。后来在发展过程中又出了以程颢、程颐为代表的"洛学"（二程是洛阳人），到朱熹而集大成，号称"闽学"（朱氏为福建人）；以张载为代表的"关学"（张氏为关中人），此派到清初王夫之而集大成；以陆九渊为代表的"心学"（以主张"理即心"，"宇宙便是吾心，吾心即是宇宙"而得名），到明代王阳明而集大成。这些不同的派别各有自己的理论体系，用今天划分哲学两大阵营的标准来看，二程、朱熹、陆九渊、王阳明均属于唯心主义，张载、王夫之属于唯物主义。在唯心主义阵营中，二程及朱熹一派是客观唯心主义者，而陆九渊、王阳明则是主观唯心主义者。尽管在这些学派之间，一直存在着斗争，有时甚至还相当激烈，但他们不仅有着共同的理论主题，而且在许多重要问题上观点也有一致之处，所以人们仍然将它们归于理学的大圈子之内。比如，他们都自我标榜是儒者，旗帜上写的都是"恢复儒学"的口号，他们都坚持早期儒学的伦理道德原则，强调道德修养与道德实践，把儒家的理想人格作为自己的最高典范；他们在理论方向上，都是企图通过对宇宙本体的论证来引出儒家的伦理纲常的合理性与永恒性，等等。他们在思想上的共同点大于分歧点，他们的斗争实际上仍然是理学内部的斗争。所以人们把他们看作是理学的不同支派，是符合思想史的实际情况的。讨论这些学派的相同点与分歧点不是这本小册子的任务，我们在这里所要讲的只是他们与庄子的关系。

正如评论家所指出的那样，理学家们对庄子大都持有一种批评的态度，往往把庄子思想作为异己思想加以排斥，特别是在人生哲学方面更是如此。这种情况是可以理解的，因为庄子所主张的"游于尘垢之外"的"出世"态度，以及他对以仁义为核心的道德伦理思想彻底否定的立场，确实同儒家所提倡的"修身、齐家、治国、平天下"的人生道路是背道而驰的；他宣扬的"万物齐一""不遣是非"的思想观点，同儒家主张的严格区分尊卑上下、内外亲疏、君子小人、善恶美丑的道德原则也是大相径庭的。因而他在以儒自命、以维护皇权社会政治秩序为己任的理学家那里遭到批判，是必然的。比如，二程曾斥庄子"游方之外"的说法是荒唐之论，"岂有此理"（《二程遗书》卷一）；讥庄子齐物之论是"见道浅"(《二程遗书》卷二二);对庄子要求通过"心斋""坐忘"的途径来达到体悟大道的修养方法也是否定的,说人是"活物",除非死了,否则不可能成为"槁木死灰"。(《二程遗书》卷二)可见,理学家把庄子思想视为异端的意识,是非常自觉的。但是,这只是事情的一个方面,事情还有另一个方面。那就是,理学在其发展过程中,实际上几乎所有学派都从庄子那里吸收了思想营养,尤其是在自然哲学方面,与庄子的思想更有着千丝万缕的联系,具体表现有以下几点。

第一,在论证宇宙本源和宇宙生成过程时,理学家们往往同他们学派的创始人周敦颐一样,从庄子那里引进了合乎需要的理论观念。如张载在论证他的元气本体论时说:"太虚即气。""太虚无形,气之本体;其聚其散,变化之客形尔。""太虚不能无气,气不能不聚而为万物,万物不能不散而为太虚,循是出入,是皆不得已而然也。"(《正蒙·太和》)这意思就是说,宇宙的本体是"气",因为它的原始状态是无形的,所以叫作"太虚";"气"聚而生万物,万物之亡是"气"之散,复入"太虚";天地间一切事物的变化,都是"气"在运动中的暂时形态(客形);"气"不能不聚而生万物,万物也不能不散而再成"气"的原始形态("入太虚"),这是自然变化的规律,是"不得已而然"。他还认为,事物的变化,原因在自己内部,不在外部,没有第三者在主宰。他说："凡圜转之物，动必有机；既谓之机，则动非自外也。"(《正蒙·参两》)这个"机"是什么？就是"气"这个统一体中所蕴含的阴阳"两端"的对立斗争。他说："一物两体，气也。一，故神；两，故化。""若阴阳之气，则循环迭至，聚散相荡，升降相求，绵缊相揉。"(《正蒙·参两》)阴阳二气互相作用，变化无穷，永不停息，"气坱然太虚，升降飞扬，未尝止息，《易》所谓'绵缊'，庄生所谓'生物以息相吹''野马'者欤！此虚实动静之机，阴阳刚柔之始"(《正蒙·太和》)。所谓"两端"，是指阴阳二气的虚实、动静、聚散、清浊性质，是"气"的统一体的两个方面："两体者，虚实也，动静也，聚散也，清浊也。其究一而已。"(《正蒙·太和》)这就是说，宇宙的以及万物的生成，其根源都是"气"，是"气"中阴阳两端互相作用的结果，所以说"一于气而已"。张载的宇宙论，很明显是受到了庄子的影响。庄子说过："阴阳者，气之大者也。"(《则阳》)"受气于阴阳。"(《秋水》)"人之生，气之聚也；聚则为生，散则为死……故万物一也，是其所美者为神奇，其所恶者为臭腐；臭腐复化为神奇，神奇复化为臭腐。故曰：'通天下一气耳。'圣人故贵一。"(《知北游》)庄子这种"通天下一气"和生死为气之聚散的观念，就是张载宇宙论的渊源所在。这个观念，又被尊张载之学为"正学"而大力提倡的王夫之等人所继承并加以发挥。

王夫之不仅写了《张子正蒙注》，又写了《庄子解》和《庄子通》，可见他对《庄子》的重视程度。

程、朱一派的宇宙本体论与张载不同，他们虽然不否认"气"为万物的基础，却不把"气"看作是世界的最后根源，而是在"气"之上，认为还有一个"理"（或"天理"），只有"理"才是万物的唯一的根源。如朱熹说："宇宙之间，一理而已。天得之而为天，地得之而为地，而凡生于天地之间者，又各得之以为性。其张之为三纲，其纪之为五常。"（《朱文公文集》卷七〇《读大纪》）这就是说"理"不仅是宇宙中天地万物的根源，而且是精神现象（三纲、五常）的根源。所以"理"也是生成气的根源："太极生阴阳，理生气也。"（《太极图说解·集说》）所谓"太极"就是"理"，"阴阳"就是"气"，"气"是自"理"而生。他认为万物是由气的动静变化生成的，但气的动静变化是由理主宰的，就像人主宰马一样："太极犹人，动静犹马。马所以载人，人所以乘马。""动静是气，也有此理为气之主。"（《朱子语类》卷九四）这样，朱熹的宇宙生成论就有了一个公式——"理→气→万物"，气就不是宇宙的最后根源，而是由理到物的中间环节。所以，他一再说明理先气后："又必有是理，而后有是气。"（《孟子或问》卷三）"若在理上看，则虽未有物，而已有物之理。"（《朱文公文集》卷四六《答刘叔文》）朱熹关于"理"为宇宙根源的论述，同庄子关于"道"为宇宙根源的论述是相似的，庄子说："夫道……自本自根，未有天地，自古以固存，神鬼神帝，生天生地……狶韦氏得之，以挈天地；伏羲氏得之，以袭气母。"(《大宗师》)可见，二者在思维方式上是有联系的，朱熹从庄子那里得到了启发是可以肯定的。

第二，理学家关于"理"的普遍性的观念亦源于庄子。庄子认为，作为万物存在根源的"道"，虽然不是物，无具体形状，不可见闻，但却"与物无际"，存在于万物之中，"无所不在"(《知北游》)，他说："夫道，覆载万物者也。"(《天地》)"夫道，于大不终，于小不遗，故万物备。广广乎其无不容也，渊渊乎其不可测也。"(《天道》)"道通为一。"(《齐物论》)庄子"道"的这种普遍性，为大多数理学家所接受，如程颢说："道，体物不遗，不应有方所。"(《二程遗书》卷二)程颢所说的"道"就是"形而上"的"天理"，在这里看到了从庄子的"道"到理学家的"理"的过渡。到了朱熹那里，就完全转换为"理"了。朱熹虽然认为"理"与"气"不是一回事，"理自理，气自气"(《孟子或问》卷三)，"理与气，此决是二物"(《朱文公文集》卷四六《答刘叔文》)。"理"是"无形无影"的"虚底事物"(《朱子语类》卷九五)，但都是与气相依，"天下未有无理之气，亦未有无气之理"(《朱子语类》卷一)，"理"与"气"又是"浑沦不可分开各在一处"(《朱文公文集》卷四六《答刘叔文》），"合天地万物而言，只是一个理"（《朱子语类》卷一），"万物皆有此理，理皆同出一源"（《朱子语类》卷八），因而他又称"理"是"天下公共之理"（《朱子语类》卷四九）。陆九渊则把"理"理解为"心"，认为"心即理"，"心"与"理""至当归一，精义无二。此心此理，实不容有二"（《象山先生全集》卷一《与曾宅之》）。"塞宇宙一理耳"（《象山先生全集》卷一二《与赵咏道》之四），因"心"就是"理"，所以又说："宇宙便是吾心，吾心即是宇宙。"（《象山先生全集》卷二二《杂说》）王阳明继承并发展了陆九渊的"心学"思想，他也认为"心即理"，并说："无心外之理，无心外之物。"（《王文成公全书》卷一《传习录》上）"心外无物，心外无事，心外无理，心外无义，心外无善。"（《阳明全书·与王纯甫》）"心者，天地万物之主也。心即天，言心则天地万物皆举之矣。"（《阳明全书·答季明德》）王阳明把"心"抬到至高无上的地位，但仍认为"心"是不能单独存在的，他说："无心则无身，无身则无心。但指其充塞处言之谓之身，指其主宰处言之谓之心，指心之发动处谓之意，指意之灵明处谓之知，指意之涉着处谓之物，只是一件。"（《传习录》下）在这里，"心""身""物"又只是一件，合而为一了。由此可见，陆、王之学虽然与程、朱不同，但他在论证宇宙本体"理"或"心"的普遍性、总体性时，都与庄子论"道"的方式有某种一致，明显地受了庄子思想的影响。这种情况，在张载、王夫之关于"气"的论述中也可以见到，这里不再赘述。大概正是由于这个原因，所以连反对读《庄子》的程颐也不得不称赞庄子说："庄生形容道体之语，尽有好处。"(《二程遗书》卷三）无怪乎清人戴震批评他们说："程子、朱子之学，借阶于老庄、释氏，故仅以'理'之一字易其所谓'真宰'（道）、'真空'者，而余无所易。"(《孟子字义疏证》卷上）戴氏之言虽未免失之偏激，但他看到了理学与老庄思想之间的密切联系，是完全正确的。然而理学家是不承认他们的"天理"观念与庄子思想之间有什么联系的，如程颢曾说："吾学虽有所授受，'天理'二字却是自家体贴出来。"(《外书》卷一二）他们都力求与道家尤其是庄子划清思想界限，强烈地表现出理论上的独立意识。但在实际上，连他们采用的作为他们理论体系中的最高范畴的"天理"或"理"，也是从《庄子》那里承接来的。《庄子》中不止一次地讲到"天理"与"物理"，如《养生主》中说"依乎天理"，《天地》中说"顺之以天理"，《刻意》中说"循天之理"，《秋水》中说"论万物之理""知道者必达于理"，《则阳》中说"万物殊理"，《天下》中说"动静不离于理"，等等。朱熹有勇气承认"理"的概念来源于《庄子》，比他的前辈程颢的态度要诚实得多。他在给学生讲《庄子·养生主》时说："理之得名以此。"(《朱子语类》卷一二五）当然理学体系中的"天理"或"理"与《庄子》中"理"的含义和地位是不能等同的。

第三,理学的理想人物与庄子的理想人物虽有本质区别,但也有重要的相同或者说相近的地方,即他们都是摈除了"人欲"的人。理学家把"存天理,灭人欲"作为人的道德修养的最高目标。他们认为"人欲"是万恶之源,为害最大,如程颢说:"甚矣,欲之害人也!人之为不善,欲诱之也。"(《二程遗书》卷二五)"人欲"与"天理"是对立的,天理是善,人欲是恶,二者不能并存,不能调和。二程的弟子谢良佐说:"天理与人欲相对,有一分人欲,即灭却一分天理;有一分天理,即胜得一分人欲。"(《宋元学案·上蔡学案》)朱熹说:"人之一心,天理存则人欲亡,人欲胜则天理灭。"(《朱子语类》卷一二)天理与人欲"不容并立","无中立不进退之理"。人要向善,就必须去掉人欲。所以,"圣贤千言万语,只是教人明天理,灭人欲"(《朱子语类》卷一二)。王阳明也说:"学圣人,不过是去人欲而存天理。"(《王文成公全书》卷一《传习录》上)能够做到"存天理,灭人欲",就算达到了"与理为一"的境界,也就是圣人了。所以程颐说:"圣人与理为一,故无过,无不及,中而已矣!"(《二程遗书》卷二三)理学家的这种人格追求,同庄子恬淡无欲的思想是相通的。庄子说:"其嗜欲深者,其天机浅。"(《大宗师》)因而他主张"少君之费，寡君之欲"(《山木》)，"平易恬淡"，这样就不会有祸患，"忧患不能入，邪气不能袭，故其德全而神不亏"(《刻意》)。所以他的理想人格就是一切依天理而行。他说："去知（智慧）与故（妄为），循天之理，故曰无天灾，无物累，无人非，无鬼责……虚无恬淡，乃合天德。"(《刻意》)"无以人灭天，无以故灭命，无以得殉名，谨守而勿失，是谓反其真。"(《秋水》)"虚无恬淡"就是不要"人欲"，"循天之理""无以人灭天"包含有"存天理，灭人欲"的思想种子。人能如是而行，就可以达到"无己""无功""无名"的精神境界，也就是"与道同体"(《大宗师》)的"体道"之人了。正是由于庄子的理想人格中包含有"灭人欲"的成分，所以得到了理学家的赞许："庄生言'其嗜欲深者，其天机浅'，此言却最是。"(《二程遗书》卷二)不过，庄子与理学家的理学人格在人生归宿上却有着本质的区别，前者的人生追求是通过摈除人欲达到反归自然，摆脱世俗的仁义观念的束缚，进入心理上的绝对自由境界；后者则是通过"灭人欲"使人完全依顺以仁义为准则的伦理规范行事，"步步皆合规矩准绳"(《朱子语类》卷四一)，从而养成一种虽然置身于封建教条的约束之下却不生反感，反而会得到最大精神满足的人格。这样，庄子与理学家虽然都从摈除人欲开始，却走向了完全相反的两个极端，体现了完全不同的两种人生价值取向。

以上粗略叙述了《庄子》作为文化元典之一，它对中国传统思想的主干儒家思想在各个时期所产生的影响，对不同的儒学形态的形成所起到的重要作用。其中有两点特别引人注意：一是从总体上来观察，《庄子》对儒学的影响主要来源于它的自然哲学，集中地表现在包括人与自然的关系在内的宇宙本源论和宇宙生成论上；二是《庄子》思想常常（除了玄学中的某些派别之外）是在被儒家学派看作是异己思想而遭到批判的情况下发生影响的。这就表明，《庄子》思想确实具有强大的生命力，它的作用是别的思想所不能代替的。究其原因，可能不止一条，但最主要的大概是它所具有的高度的理性思辨色彩，这一点正是原始儒学所不及的。因而，儒学要保持自己在思想领域中的指导地位，抵御异己思想的进攻并战胜它们，就不能不从《庄子》那里寻求并改造一些理论观念来补充自己，提高自身，完善自身，不断地改变自己的理论形态。这种现象还说明：不同思想的互相斗争的过程，也正是它们的互相融合的过程，只有那种具有能够消化异己思想能力的思想体系，才能长久地生存下去。同时还说明，只有高于、优于敌对思想的思想，哪怕是某些具有这种特质的因素，才会被对方所吸收，从而在另一个思想体系中以特殊的方式存在下去，发展下去，永不衰竭。这也许是思想发展史上的一条规律。

四 《庄子》与传统文士的人格心理

　　道家人生观同儒家人生观是既相对立又相补充的。作为儒家人生哲学相对立的另一重要思想流派，庄子的人生哲学对历代文人士大夫都曾发生过深远的影响。概括来说，《庄子》中所表现的安时处顺、无心无情、清静寡欲、顺任自然的人生态度，是历代文人士大夫在仕途失意、人生坎坷时用以自慰和排解内心痛苦的重要的心理调节剂；《庄子》中崇尚的放浪形骸、不拘礼俗、旷达生死、遁迹山林的生活方式，又是文人士大夫在社会黑暗、政治腐朽时愤世嫉俗、独善其身的重要的行为归宿；而《庄子》中所表现的"独与天地精神往来"、物我合一、逍遥自由的人生境界，又成为历代文人追求个性解放、精神自由的最高准则。《庄子》的人生观在历代文人士大夫身上打下了深深的烙印，对传统文士的人格心理产生过深刻的影响。

1.《庄子》与汉代文士的人格心理

众所共知,汉代初年虽然黄老思想曾流行一时,但总的来说有汉一代是儒学一统的时代。自汉武帝"罢黜百家,独尊儒术"以后,汉代的文人无不受到儒家思想的影响,他们基本上也是以儒家所提倡的人生观为自己立身行事的准则的。相对来讲,《庄子》在汉代的影响是比较薄弱的。但是,如果我们认真地审视汉代文人的生活思想风貌的话,不难发现,《庄子》对汉代文人仍产生了不小的影响。这主要表现在汉代文人的生活方式和人生态度两个方面。

《汉书·杨胡朱梅云传》曾记有这样一件事,汉武帝时有个文人叫杨王孙,他"学黄老之术",就是说深爱黄老思想,"养生亡所不致"。临死时,他要求自己的子孙"裸葬"他,即不穿衣服埋葬。他的子孙很为难,不听其话吧,有违父命是谓不孝,听他话吧又于心不忍,于是便请杨王孙的朋友祁侯劝阻他。祁侯以儒家圣人之礼劝阻杨王孙不要裸葬。而杨王孙却说,先王制礼虽有功但不符合自然之道,我行裸葬虽违圣人之礼但合自然之道。并认为人的生死不过是气的聚散,是自然而然的事,死是回归自然,并不值得伤心惧怕。若用金衣裹身,使我欲化不得,不能及早回归自然,那不是很痛心吗?结果祁侯就同意他裸葬。在《庄子·列御寇》中也有一则故事,说庄子将死,他的弟子们欲厚葬他，庄子不肯，对弟子们说我死以天地为棺椁，万物就是随葬品，何必要厚葬？《庄子·知北游》中有一段关于人的生死的论述，他认为人的生死只是气化的结果，"人之生，气之聚也；聚则为生，散则为死"，是自然变化的，因此，不必为此悲伤。如果把杨王孙要求裸葬同《庄子》中这些记述进行对比，显然，杨王孙倡导的"裸葬"和生死的看法明显是受到庄子影响的。

《庄子》的人生观不但在一般的文人身上有所表现，就是汉代一些著名的文人也明显受到过他的影响。扬雄是西汉著名的文学家，也是一个"非圣哲之书，不好也"的典型的儒士，但扬雄的人生态度是明显受到过老庄道家思想影响的。《汉书·扬雄传》中说扬雄"为人简易佚荡，口吃不能剧谈，默而好深湛之思，清静亡为，少耆欲，不汲汲于富贵，不戚戚于贫贱，不修廉隅以徼名当世。"意思是说，扬雄为人简朴平易不拘细节，有口吃病，虽说话不利索但好为深思，生活上清静寡欲，不追求富贵名利，也不忧虑自己的贫贱。这不明显是《庄子》寓言中所宣扬的那种安时处顺、清静无为的生活态度吗？

到了东汉末年，由于社会黑暗，政治腐败，外戚宦官专擅朝政，许多正直之士有报国之心，无仕进之路，思想上受到压抑，再加上看不惯当时"情伪万方"（赵壹《刺世疾邪赋》）的社会风气，因此许多文人很自然地由儒而入道,用道家任自然求真情的思想来反抗儒家虚伪的名教。这时,《庄子》的人生观对文人的影响就更是普遍和深刻了。如傅毅虽以阐扬儒家思想为主,但生活上他也主张"游心于玄妙,清思乎黄老"(《七激》),这显然同《庄子》"乘物以游心"(《人间世》)、"游乎尘垢之外"(《齐物论》)的思想是相通的。马融是汉代著名的儒学大师,他在立身行事上也明显受到了《庄子》的影响。据《后汉书·马融传》记载,他尚处于困顿,未进仕途时,有次邓骘召他为舍人,马融没有应命,但很快他就后悔了,认为人生贵于天下,切不可因名而损实,并说自己这样做,"殆非老庄所谓也",于是就应了邓氏的征召。身为大文学家大科学家的张衡,前半生是奋发有为的,但后半生由于官场黑暗,他郁郁不得志,就产生了隐居思想。他曾写有一篇《归田赋》,说自己非常向往"龙吟方泽,虎啸山丘,仰飞纤缴,俯钓长流"的"于焉逍遥,聊以娱情"的生活。很明显,张衡所憧憬的山林生活,正是《庄子·刻意》所提倡的"就薮泽,处闲旷,钓鱼闲处,无为而已矣"的生活方式,这充分说明张衡后半生的人生态度正是以《庄子》所说的人生态度为楷模的。

汉代文人不但在人生态度上受到《庄子》人生观的影响,就是生活方式上也明显地打上了《庄子》所表现的那种生活方式的痕迹。《后汉书·戴良传》记有这样一件事,说当时有个人叫戴良，不愿当官，年轻时行为放达，他母亲会学驴叫唤，他常跟母亲学驴叫唤来取乐。后来母亲去世，他的哥哥"非礼不行"，完全按照儒家规定的那一套守丧，而他却"饮酒食肉"。别人说他的行为不符合礼，他却说"礼所以制情佚也，情苟不佚，何礼之论！"，意思是说设礼是用来克制多余的情欲的，情如果不超过礼，对礼又有什么呢？戴良的事很容易让人想起《庄子·至乐》中庄子妻死，庄子"箕踞鼓盆而歌"的故事来，可以看出，他们的行为方式是极其相似的。

汉末文人名士由于看不惯社会的虚伪与黑暗，他们大都具有"不事王侯"，"以高尚其事"，隐居以求其志，去危以全其道的思想。如赵壹，隐居以后，朝廷多次召他出来做官，他均不肯，最终死在家里。再如当时著名的名士集团的领袖人物郭林宗，说他不愿当官，希望自己"岩岫颐神，娱心彭老，优哉游哉，聊以卒岁也"。

在汉末的文人名士中，仲长统是一个很值得注意的文人。《后汉书·仲长统传》说仲长统"性俶傥，敢直言，不矜小节，默语无常，时人或谓之狂生"，意思是说他性格放荡不羁，不拘小节，有言便发，有时又默语独处，不与人交，被当时人称为狂生。在生活上他与一般的士人也不一样，认为"凡游帝王者，欲以立身扬名耳。而名不常存，人生易灭，优游偃仰，可以自娱，欲卜居清旷，以乐其志"。说明他不但不以儒家"立身扬名"为自己人生追求的目标,而且深受《庄子》中任真自得的人生态度的影响,具有明显的隐居思想。在《乐志论》中,他这样描写自己的生活:

> 安神闺房,思老氏之玄虚;呼吸精和,求至人之仿佛。与达者数子,论道讲书,仰俯二仪,错综人物。弹《南风》之雅操,发清商之妙曲。消摇一世之上,睥睨天地之间。不受当时之责,永保性命之期。如是,则可以陵霄汉,出宇宙之外矣。岂羡夫入帝王之门哉!

这段话的意思是说,他心情平静地处于闺房之内,深思老庄的自然玄虚之道;呼吸大自然的精气,要像《庄子》所说的"圣人"那样。平时可以和一些志同道合者谈道论书,听听精妙高雅的音乐。身体既不受时俗的拘束,以追求长生保真为务。如果能做到这些,那自己就是超出了大千世界的烦扰,而进入宇宙之外宁静的境界,对帝王官场又有何羡慕的呢?在《庄子·达生》篇中有对"至人"的描写,至人追求"弃世而无累"的生活,"壹其性,养其气,合其德,以通乎物之所造",也就是说他不以世俗的情累来拘羁自己的生活,使心性纯一,合于自然之道。很明显,仲长统生活情趣的追求是同《庄子》中所描写的"至人"的人生情趣相通的。这说明到了东汉末年或者说汉魏之际,当时文人士子们不但在人生态度、生活方式上受到《庄子》人生观的影响，而且对人生境界的追求也是以《庄子》所表述的人生境界为模式的。这为《庄子》人生观在魏晋时期的广泛流行打下了坚实的生活基础和思想基础。

2. 魏晋文士人格心理的庄学化

如果说两汉文人的人生观受《庄子》的影响还主要表现在生活方式和人生态度两方面的话，那么到了魏晋南北朝时期情况就大不一样了，当时文人在人生境界的追求中也明显表现出庄子的精神追求，体现出鲜明的庄学化倾向。由于玄学思想的流行，《庄子》作为玄学的主要经典"三玄"之一，也广泛为文人士大夫所接受。玄谈成了当时文人名士的一时风尚。《世说新语·文学》中曾记有这样一则事情，支道林、许询、谢安共同在王濛家聚会，谢安对大家说："今日宴会，时机难得，我们应当谈论咏叹些什么，以使大家能够畅怀痛饮？"许询便问王濛家里有《庄子》一书没有，正好得到《庄子》书中的《渔父》一篇。谢安就出个题目，让大家通解。支道林开其端，洋洋洒洒说了七百多言，"叙致精丽，才藻奇拔，众咸称善"。当时大家都各自阐说完毕，谢安又问："你们谈完没有？"大家都说："今日之言，少不自竭。"意思是还没有尽兴。于是谢安又叙自己的解意，"作万余语"，"四坐莫不厌心"。这则故事告诉我们《庄子》

到了魏晋时期是文人名士必读必谈的书。由于文人士子们经常谈论它,那它自然就会对文人士子发生深刻的影响。终魏晋南北朝之时,可以说是庄学大兴的一代,当时许多文人如阮籍、嵇康、陶渊明、谢灵运等都深深地受到了《庄子》的影响,他们的人生观中也具有浓厚的庄学色彩。

其实早在建安时期,文人士子的生活中就已充满浓厚的庄学色彩了。徐幹是"建安七子"之一,《三国志·魏书·徐幹传》说他"恬淡寡欲,有箕山之志","轻官忽禄,不耽世荣",意思是说他在人生态度上表现出明显的清静无为的倾向,不看重名利,有隐居思想。王昶也是当时一个很有名的文人,他在《家戒》这封家书中教育自己的子侄们"立身行己,遵儒者之教,履道家之言","澹然自守,惟道是务"(《三国志·魏书·王昶传》)。这说明当时文人面对动荡的社会现实,普遍是用道家的清静寡欲、全生保真的思想来规范自己,试图在动荡的现实里,得以保生,免杀身之祸,这无疑是受到了《庄子》人生观的影响。

不要说当时一般文人是如此,就是像曹植这样既有地位又有文采的贵族子弟也同样如此。曹植是曹操的儿子,文采很高,有"才高八斗"之称。他早年是很有抱负的,渴望"建永世之业,流金石之功",名垂青史。尽管他在功名事业追求上深受儒家思想观念的影响,但道家思想在他身上表现得也特别明显。《三国志·魏书·陈思王植传》

记他"性简易,不治威仪","任性而行,不自彫励,饮酒不节"。意思是说他为人简朴,不讲求仪表,按自己的性格行事,而且喝起酒来毫不节制。这种落拓不羁、放达不拘的生活方式正是《庄子》所着力提倡的生活方式。曹植曾写有《七启》一文,在这篇文章中他更是明确地说:"盖有形必朽,有迹必穷,芒芒元气,谁知其终。名秽我身,位累我躬,窃慕古人之所志,仰老庄之遗风,假灵龟以托喻,宁掉尾于涂中。"意思是说有形体的东西都免不了朽枯,而茫茫的宇宙元气,谁知它的终结呢?人不过是一渺小的分子罢了。既然如此,我何必让名利熏心,为权位所累,不如仰慕老子、庄周的生活,自由自在地处世。"假灵龟以托喻"是用了《庄子》中的一个寓言故事。《秋水》篇记载说庄子在濮水边钓鱼,楚王派了两个使臣去请他出来做官。庄子头也不回地问使者:"我听说楚国有只大神龟,已死了三千年了,楚王还用匣子装着供在庙堂里。这只神龟是愿意死了被放在庙堂里供奉着呢,还是愿意活着在泥沼里爬来爬去呢?"楚王使者说:"它当然是愿意活着在泥沼里爬来爬去了。"于是庄子就说:"那就请你们回去吧,我愿意像神龟那样在泥沼中自由自在地爬来爬去。"曹植到了后期,由于生活上受到迫害,就更是渴望自由了,他在《游仙诗》中说自己"意欲奋六翮,排雾陵紫虚"。这分明就是庄子所说的追求"独与天地精神往来"的生活了。

这充分说明，深受儒家思想影响的曹植在他的内心深处也在追求《庄子》所提倡的顺应自然的生活，他不但在生活方式上受到了《庄子》的影响，而且在人生境界上也表现得特别明显。当然，曹植对道家精神境界的企慕，与他后期深受其兄曹丕的政治迫害有很大关系，其中表现出浓郁的渴望摆脱政治拘束的情绪，但也毋庸讳言，在曹植的天生性格中，确实充满奔放不羁的浪漫情怀和对自由精神的向往。这是曹植能够接受和亲和庄子思想的更重要的心理基础。

到了魏末正始时期，由于曹氏集团同司马氏集团争权夺利的斗争日趋激烈，"天下多故，名士少有全者"（《晋书·阮籍传》），文人们深感朝不保夕，命运多舛，再加上司马氏利用虚伪的"名教"来进行残暴的政治统治，于是许多名士便高举道家的思想旗帜，用老庄的"自然"同"名教"相对抗。这时《庄子》所表现的思想情趣就更深刻地影响了当时的士人。阮籍和嵇康就是这方面的突出代表。

阮籍本是有"济世志"的，他前期也是深受儒家思想影响的，但由于现实政治的险恶，"一身不自保，何况恋妻子"（《咏怀诗》其三），他由儒入道，用道家的自然来反抗儒家的名教，生活上也变得放达不羁了。《晋书·阮籍传》是这样描写阮籍的："容貌瑰杰，志气宏放，傲然独得，任性不羁，而喜怒不形于色。或闭户视书，累月不出；或登临山水，经日忘归。博览群籍，尤好《庄》《老》，嗜酒能啸，善弹琴。当其得意，忽忘形骸，时人多谓之痴。"有一次，他嫂嫂回娘家，阮籍就去同嫂子话别，别人讥嘲他不遵礼教，他却说："礼岂为我辈设也！"他的母亲去世了，他却"散发箕踞"，照样饮酒，吃肉，因此引得当时的礼法之士非常嫉恨。他还会以青白眼视人，看见礼法之士或自己不感兴趣的人，就用白眼对待，看见自己喜欢的人就用青眼对待。后世"白眼""青睐"的典故就是从此而来。还有一次他向司马昭说想去东平这个地方当官，司马昭一听大喜，就任命他做了东平相。可阮籍呢，骑着一头毛驴到了东平，把官舍内外的围墙全部拆除，使内外通畅相望，结果只做了十几天官就不干了。还有一次，他邻居家一个很漂亮的女儿未出嫁就死了，阮籍同这家人非亲非故，却去吊丧，到那里痛哭一场就回去了。

表面上看来，阮籍的行为是那样地放荡不羁、任性旷达，而实际上这放达的生活围裹的则是一颗异常痛苦的心灵。他诗歌的代表作《咏怀诗》就很真实形象地展现了他的内心世界，表现了他的悲天悯人之哀、忧生伤世之痛和超尘脱俗之想。面对人生的维艰、社会现实的险恶，阮籍不得不寻找一种东西来使自己超越这种痛苦，安顿自己痛苦的心灵。他认为："贵贱在天命，穷达自有时"，"谁言万事艰，逍遥可终生"。那么怎样才能"逍遥"呢？在阮籍看来,"有悲则有情,无悲亦无思",也就是说,只要自己对世间万物无心无情,无忧无虑,忘却一切烦恼,就能排解掉自己内在的情虑而进入逍遥的境界。这种思想在他的咏怀诗中表现得异常明显,如第三十五首说"时路乌足争,太极可翱翔",第四十五首也说"乐极消灵神,哀深伤人情。竟知忧无益,岂若归太清"。阮籍所追求的理想境界正是《庄子》追求的"游乎尘垢之外""天地与我并生,万物与我为一"的逍遥境界,他的理想人格也正是《庄子》所说的"至人无己,神人无功,圣人无名",即从生死之态、世俗之礼、哀乐之情中超脱出来的具有明显隐士思想的大人先生式的人物。如果再结合阮籍的《清思赋》《达庄论》《大人先生传》等文章来看,可以肯定地说阮籍追求的人生境界同《庄子》所表达的人生境界一样是一种虚幻的绝对自由的精神境界。

嵇康是阮籍的好朋友,尽管他们的思想有这样那样的差异,但在以老庄的自然来反抗儒家的名教这一点上他们则是相同的。在魏晋移代之际险恶的社会现实之下,他明确表示"老子、庄周,吾之师也",提出了"越名教而任自然""非汤武而薄周孔"的口号来反对司马氏。他认为"仁义务于理伪,非养真之要术;廉让生于争夺,非自然之所出也"。因此,人就应超越名教礼乐的束缚,保持自己的"天性",不必为名物所累,而应"循性而动","游山泽,观鱼鸟",

"浊酒一杯，弹琴一曲"，"养素全真"，"任其所尚"。

嵇康是这样说的，也是这样做的。《晋书·嵇康传》说他"早孤，有奇才，远迈不群。身长七尺八寸，美词气，有风仪，而土木形骸，不自藻饰，人以为龙章凤姿，天质自然。恬静寡欲，含垢匿瑕，宽简有大量，学不师受，博览无不该通，长好老庄"。在《赠兄秀才入军诗》中，他这样描写自己的生活：

> 息徒兰圃，秣马华山。流磻平皋，垂纶长川。目送归鸿，手挥五弦。俯仰自得，游心太玄。

> 琴诗自乐，远游可珍。含道独往，弃智遗身。寂乎无累，何求于人？长寄灵岳，怡志养神。

可以看出嵇康的理想是追求一种自由自在、闲适惬意，与自然相亲无碍又同道合一的人生。而这正是《庄子》所说的"江海之士，避世之人"（《刻意》）的理想人生追求，不同的是嵇康使这种人生更富有诗意。正如罗宗强先生在《玄学与魏晋士人心态》中所说的：庄子所追求的人生境界并不是一个实有的人生境界。嵇康的意义就在于他把庄子理想的人生境界人间化了，把它从纯哲学的境界，变为一种实有的境界，把它从道的境界变成为诗的境界，把庄子的精神境界，变成了优游容与的生活方式，变成了具体的真实的人生。就这一点说，嵇康不但深受庄子的影响，而且也明显地带有魏晋的时代特征。

正始以后，文人士大夫在生活中标榜老庄的就更多了。孙盛《晋阳秋》就有"太康以来，天下共尚无为，贵谈庄老，少有说事"的记载。如王衍是西晋的大名士，出身于琅琊王氏这样的望族，他就"妙善玄言，唯谈老庄为事"，同王澄、王敦、庾凯、胡毋辅之等交相友善，日夜谈论，煽起了一股虚浮旷达之风，形成了"学者以庄老为宗而黜六经，谈者以虚薄为辨而贱名检，行身者以放浊为通而狭节信"（干宝《晋纪总论》）的局面。张季鹰是当时一位名士，"任性自适，无求当世"，当时人称他为"江东步兵"。他当官时，别人劝他说："你这么放纵，怎么不为身后名着想呢！"他却说："使我有身后名，不如即时一杯酒。"毕卓就说得更明了，他说："一手持蟹螯，一手持酒杯，拍浮酒池中，便足了一生。"在当时像毕卓、张季鹰这样"饮酒废职"不思进取，唯以放乐为贵的大有人在。《世说新语·德行》刘孝标注引王隐《晋书》曾记载："魏末阮籍，嗜酒荒放，露头散发，裸袒箕踞。其后贵游子弟阮瞻、王澄、谢鲲、胡毋辅之之徒，皆祖述于籍，谓得大道之本。故去巾帻，脱衣服，露丑恶，同禽兽。甚者名之为通，次者名之为达也。"他们生活上颓废荒放，醉生梦死，一味放任自己的情欲，精神追求上也显得卑琐，失去了正始时期阮籍、嵇康等人反抗现实的气度，表面上看来是高标老庄,实际上是打着老庄的旗号而放纵自己的情欲,是一种"颠狂"的行为,这不能不说是《庄子》影响下的一场社会悲剧。也正是从此可以看出,《庄子》作为中国古典文化的一部主要经典,就其对后世文人的人生观的影响来说,既有它抗争社会、追求个性解放的积极一面;也有它混世逐流、颓废荒放的消极一面。

由于玄谈之风的兴盛,文人们在谈玄的同时,也体认着自然,企图从自然的万千变化中悟出玄奥幽深的玄理,所以,魏晋以后的文人士大夫都亲和山林,以走向自然、适意山水为高标。晋、宋以后文人士大夫更是以畅意山林为主要目的,如谢灵运、谢朓以及盛唐的山水诗派的作者们,在他们的诗文中常常用描写山水来表现自己的人生情趣,这显然也是在老庄玄学的影响之下出现的新风气。

在魏晋南北朝众多的文人名士当中,真正以一种委运乘化的人生态度去实现自己的人生实践,而达到《庄子》物我一体、心道冥一的人生境界的则是陶渊明。

陶渊明生当晋宋之际,那是一个"真风告逝,大伪斯兴"的时代,用鲁迅先生的话说就是"乱也看惯了,篡也看惯了"的时代,"质性自然"的陶渊明本来"猛志固常在",欲有所作为,但现实的黑暗,仕途的坎坷,使他领悟到"世与我而相违",于是他愤然辞官,"守拙归园田",过起了隐居的生活。在陶渊明看来"人生似幻化,终当归空无",生命是短暂的也是无常的,人生如梦,既然如此,"寓形宇内复几时,何不委心任去留"?那就要不必汲汲虑于功名富贵,"聊乘化以归尽",而应"乐夫天命"。在他写的用以自况的《五柳先生传》中,他曾这样描写自己:"闲静少言,不慕荣利,好读书,不求甚解,每有会意,便欣然忘食。性嗜酒,家贫不能常得,亲旧知其如此,或置酒而招之,造饮辄尽,期在必醉,既醉而退,曾不吝情去留。环堵萧然,不避风日,短褐穿结,箪瓢屡空,晏如也。"他追求的是不加任何雕饰的真率自然的生活,归田之后他也是努力使自己这样,如《归园田居》《孟夏草木长》等篇都反映了陶渊明的这种思想情趣。从这些诗中可以看出,陶渊明完全把自己的身心融入了大自然之中,自己就是大自然的一分子,他就在这安静的山野间生活,一切是那样自然,仿佛原本都是如此地存在着,是那样的合理,那样的真实,那样的永恒。在这里,陶渊明达到了物我一体,心与大自然冥一的最高的人生境界,"此中有真意,欲辨已忘言"。在这里,他忘却了世间的一切,"不知有汉,无论魏晋",甚至也忘却了自我,有的只是空明澄澈的宇宙,宁静和谐的自然和那"纵浪大化中,不喜亦不惧。应尽便须尽,无复独多虑"的恬静自适的心灵。这不正是《庄子》所说的"天地与我并生,万物与我为一""独与天地精神往来"的最高的人生境界吗?所以,罗宗强先生说:"物我一体,心与大自然泯一,这正是老庄的最高境界,也是玄学所追求的最高境界。但是这种境界自玄风煽起以来,还没有人达到过。陶渊明是第一位达到这一境界的人。"(《玄学与魏晋士人心态》)在中国文化史上,陶渊明的确是第一位心境与物境冥一的人。陶渊明之所以能达到这样高的人生境界,原因是多方面的,但受《庄子》和玄学思想的影响则是不容忽视的一个方面。

通过以上的叙述可以看出,《庄子》所阐发的人生观对两汉魏晋南北朝的文人名士的确产生过深刻的影响。但若仔细品味,由于时代环境的不同,《庄子》对两汉和魏晋南北朝文人生活的影响也不完全一致。概括来讲,主要表现在如下几个方面。首先,《庄子》对两汉文人的影响,主要表现在人生态度和生活方式两个方面。而对魏晋南北朝文人来说,不但在人生态度和生活方式上受到了《庄子》的影响,而且在人生境界上他们也自觉地以《庄子》的人生境界为自己精神追求的最高境界,并试图在理论或实践上来完成这个人生境界。两汉文人与魏晋南北朝文人之所以能出现这种不同的境况,原因是多方面的,但主要的原因是价值取向的变化和学术风气的转移。尽管汉代末年儒学已趋衰微,但经过400年的遵循和宣扬,它仍根深蒂固地存在于文人的内心深处,这就使汉代文人在人生观上表现出"遵儒者之教,履道家之言"的两重性。魏晋以后，玄学大盛，"聃周当路，与尼父争涂"（《文心雕龙·论说》），玄学占据了学术思想的主导地位，文人们自然要"叛散五经，灭弃风雅"（仲长统《见志诗》)，于是《庄子》便自然地成为当时文人生活的指南，在人生境界的追求上也自然以庄子的人生境界为最高境界了。第二，《庄子》思想在汉代是作为儒家的对立面而出现的，文人接受庄子的思想目的在于矫世讽刺时政，是把它作为儒家思想之外另一种治世的方剂来看待。而在魏晋南北朝时期，尽管正始时期文人也是用此来反抗社会，以救世弊的，但随着时代的发展，有些文人接受《庄子》的思想就成为必然的了，认为人生社会本该如此，如陶渊明。就前一点来说，魏晋文士明显的是继承了汉代文化的思想传统，就后一点来看则是当时时代精神发展在魏晋文士身上的必然反映。第三，在两汉时代尤其是在东汉末年，受《庄子》影响的文人大都表现出与朝廷不合作，具有不愿出仕的思想；到了魏晋以后，尽管隐逸思想也时常表现在文人意识中，但观念上有了变化，他们主张"小隐隐陵薮，大隐隐朝市"（萧统《文选》卷二十二王康琚《反招隐诗》)，不是游离于官场之外，而是身在官场，心存江湖，"处官不亲所司"，表现出一种"仕不事事"的特点，这也是魏晋文人同汉代文人不同的地方。总之，虽然《庄子》对每一时代的文人都产生着影响，但由于时代特征的不同，表现出来的特点也不一样，各个时代都有自己那一时代的特征。

3. 唐宋以来文士人格心理的新特点

南北朝以后，庄学人生观继续对文人士大夫发生着深刻的影响，但情况又有了新的变化。由于佛教的传入，魏晋南北朝文人在接受庄学的同时也开始接受了佛学，经过不断地吸收和融合，在此时期已表现出明显的合流的趋势，如支遁作为东晋的名僧就对《庄子》有甚新的理解，他对《庄子·逍遥游》的解释在当时称为"支理"，影响很大；再如东晋著名文人孙绰，"托怀玄胜，远咏老、庄"，"泯色空以合迹，忽即有而得玄"（《游天台山赋》），也是将庄子与佛理合论的人物；至于谢灵运，就更是"好佛理"了，他本人不但有甚深的出世思想和宗教感情，而且他写的《辨宗论》继承竺道生"顿悟成佛"的理论，直接下开隋唐禅宗的先河。到了隋唐时期，由于禅宗的兴起，文人们普遍表现出既慕庄又向禅，亦庄亦禅，庄、禅合一的特点。在这种风气影响之下，唐宋以后的文人在人生观上自然也呈现出庄、禅合一，参禅说庄，庄、禅并举的特色，以至于很难说清哪是庄哪是禅了。

禅宗与老庄本来有许多共通之处。禅宗主张净心，《庄子》主张"坐忘"；禅宗倡"明心见性""顿悟成佛"，《庄子》

提倡"朝彻见独",逍遥于"无何有之乡"。范文澜先生说:"禅宗是披着天竺式袈裟的魏晋玄学,释迦其表,老庄(尤其是庄周思想)其实。"(《中国通史》第四册)这话虽不一定完全准确,但有它合理的因素。既然庄学与禅宗有如此相似的地方,唐宋乃至以后文人受到庄、禅的共同影响也就很自然了。

唐代是一个较开放的时代,尤其是盛唐,社会繁荣,文化昌明,海内清平。这开放的时代给了那一时期的文人以开放的心理。他们满怀信心,追求事功,高歌"宁为百夫长,胜作一书生"(杨炯《从军行》)。"天生我材必有用,千金散尽还复来"(李白《将进酒》),表现出一种奋发昂扬的精神。但同时,社会政治的清平并不意味着仕途的亨通,虽然科举制为中下层文人铺下了一条通向朝阁的道路,但若真正走起来也不是一帆风顺的。况且怡情悦性乃人之本性,经过魏晋六朝文人重情适意的倡导,再加上禅宗之风的浸润,当时的文人们已不再恪守一种清瘦孤寂的生活,在唐人看来,事功不可缺少,而闲适之心亦不可荡尽。这种时代的两难与心境的两端,就使唐人在朝阁与边塞、朝阁与山林之间架起了双重桥梁,他们在追求事功的同时也时时不忘求取超尘脱俗的心理快感。(参阅葛兆光《禅宗与中国文化》)于是"形骸寄文墨,意气托神仙"(卢照邻诗语),标举"傲吏非凡吏,名流即道流"(孟浩然《梅道士水亭》),又成了那一时代文人普遍存在的心理意识。既然如此,那么,儒、释、道在唐人看来也就不像前人所说的那样界垒森严,不可逾越,而应是相互沟通,互相为用的。在他们看来自然是"释宗以因果,老氏以虚无,仲尼以礼乐,沿浅以洎深,籍微而为著。各适当时之器,相资为美","三教玄同,彝伦克谐"(释神清《北山录》卷一《圣人生第二》)。在这种学术风气影响下,当时文人在人生态度上自然也就不会仅仅独守于哪一宗,而应是"适当时之器,相资为美"了。

尽管如此,人们仍可在唐人那广博的胸襟中触摸到一缕缕杂糅仙意、服膺庄学的心录。

王绩是初唐一个著名的文人,自号东皋子。他早年有事业抱负,但后来由于仕途失意便归隐了。归隐之后,他"常纵心以自适也",并同一些隐友"时相往来,并弃礼数,箕踞散发,玄谈虚论,兀然同醉,悠然便归,不知聚散之所由也"。(《答程道士书》)他曾写有《过酒家》诗来描写他的人生情趣:"此日长昏饮,非关养性灵。眼看人尽醉,何忍独为醒。"这首诗充满闲适懒散的生活情调,明显表现出"从庄子学来的一套既愤世又混世的人生哲学"(游国恩等《中国文学史》第二册)。

王维是盛唐山水田园诗派的代表诗人,也是一个信仰禅宗,主张"一生几许伤心事,不向空门何处销?"的文人。

他字摩诘,当是得自佛教《维摩诘经》的启示。据《旧唐书》记载,他"在京师日饭十数名僧,以玄谈为乐。斋中无所有,唯茶铛、药臼、经案、绳床而已。退朝之后,焚香独坐,以禅诵为事",被后人称为"诗佛"。即使如此,他也没有完全地脱离老庄道家思想的影响,在《终南别业》诗中,他就明确地说自己"中岁颇好道,晚家南山陲"。他同焦道士、张道士等道教中人多有往来。打开他的诗歌,让人处处体味到好道清心的人生情趣:"晚年惟好静,万事不关心。自顾无长策,空知返旧林。松风吹解带,山月照弹琴。君问穷通理,渔歌入浦深。"(《酬张少府》)"酌酒与君君自宽,人情翻覆似波澜……世事浮云何足问,不如高卧且加餐。"(《酌酒与裴迪》)"晚知清净理,日与人群疏。将候远山僧,先期扫敝庐。果从云峰里,顾我蓬蒿居。藉草饭松屑,焚香看道书。燃灯昼欲尽,鸣磬夜方初。一悟寂为乐,此生闲有余。思归何必深,身世犹空虚。"(《饭覆釜山僧》)人生无常,世事波澜,清静无心,垂钓自闲,这种人生情趣当然有禅意的表达,但更多的不正是《庄子》所表现的人生境界吗?至少说是同《庄子》的人生境界相通的。对于王维来说,事佛固然是出自本性,而倾慕老庄又何尝不是发自内心呢?"月明松下房栊静","我心不说君应知","君问终南山,心知白云外"。在王维那里,禅中有庄,庄中有禅,庄、禅是一体的。

在唐代文人士大夫中受《庄子》影响最深的恐怕当推李白。

李白是我国诗坛上继屈原之后又一个伟大的浪漫主义诗人，他的诗文笔纵横，豪放飘逸，想象丰富，夸张大胆，气势充沛，如黄河奔涌，似凌空超势，是我国诗歌艺术宝库中不可多得的瑰宝，对后世文人诗歌创作产生过深远的影响。

李白不但有"兴酣落笔摇五岳"的诗才，而且也有傲岸不屈、清高凌势、疏放豪侠的气质，而这一切同他接受道家特别是庄子那种遗世独立，追求绝对自由，蔑视世间一切的思想是分不开的。他从小生活于"道风未沦落"的巴蜀之地，"十五游神仙，仙游未曾歇"（《感兴》之五），及长又"五色神仙尉，焚香读道经"（《赠江油尉》），甚至在他"仗剑去国，辞亲远游"的时候也是"仙药满囊，道书盈箧"（独孤及《送李白之曹南序》）。他同唐代著名道士司马承祯、元丹丘、胡紫阳等有过甚密的交往，并且非常想望他们"喘息餐妙气，《步虚》吟真声。道与古仙合，心将元化并……忽耽笙歌乐，颇失轩冕情"（《题随州紫阳先生壁》）的生活韵致。这一切都显示了李白身上有着深深的老庄道家人生观的烙印。纵观李白的一生，他事实上也正是以老庄思想为自己的人生准则的。

李白追求的是"清水出芙蓉，天然去雕饰"（《经乱离后天恩流夜郎忆旧游书怀赠江夏韦太守良宰》)的"清真"的生活,喜怒哀乐,毫不掩饰,精神自由,人格独立。他蔑视世俗,笑傲王侯,"不屈己,不干人",用他的诗来说就是"受气有本性,不为外物迁"(《赠宣城宇文太守兼呈崔侍御》)。《新唐书·李白传》记载,天宝初年,唐玄宗召他入见,他"与饮徒醉于市",及见皇帝,他当着皇帝的面,让玄宗近臣高力士为他脱靴。又说他"放不自修",与贺知章、张旭等人称为"酒中八仙"。杜甫《饮中八仙歌》曾写道:"李白斗酒诗百篇,长安市上酒家眠。天子呼来不上船,自称臣是酒中仙。"他在《梦游天姥吟留别》中更是亲口高呼:"安能摧眉折腰事权贵,使我不得开心颜。"这形象地展示了他那疏放不羁、孤傲独立、不事王侯的个性。李白又是一个感情炽烈、不加掩饰的人,得意时他狂笑:"仰天大笑出门去,我辈岂是蓬蒿人。"失意时,他高呼:"大道如青天,我独不得出","我本不弃世,世人自弃我"。愁懑时,他"停杯投箸不能食,拔剑四顾心茫然","抽刀断水水更流,举杯消愁愁更愁"。打开李白那惊天地泣鬼神的诗篇,我们体悟到的是诗人那狂放不羁而又豪爽飘逸的个性,是诗人那任心而行,痛快淋漓的人生!龚自珍《最录李白集》说:"庄、屈实二,不可以并,并之以为心,自白始。"确实如此,在李白身上,庄子、屈原的浪漫主义精神得以合流,但值得注意的是,屈原对政治的不懈执着追求，为了美政理想九死不悔的精神，在李白那里表现得并不突出，反而是庄子追求精神自由、不事权贵、傲岸不屈、终身不仕的人生观在李白身上得到了更明显的体现！所以，明代方孝孺《吊李白》说："唐朝李白特达士，其人虽亡神不死。声名流落天地间，千载高风有谁似？"

"渔阳鼙鼓动地来，惊破霓裳羽衣曲。"安史之乱的爆发击碎了唐人自信昂扬的梦幻，噩梦醒来是早晨。面对社会时弊堆积、危机四伏的现实，当时的文人或主张改革弊政，或抨击黑暗现实，大都具有一种"为国为民"的悲慨精神，但同时，他们也认清了宦海的险恶，又有一种"名利心既忘，市朝梦亦尽"（白居易《宿简寂观》）的凄景。白居易作为唐中晚期受庄学影响甚深的文人，他的表现可作为当时文人的代表。他前期积极有为，"惟歌生民病，愿得天子知"（《寄唐生诗》），但自贬官江州司马后，他的思想就发生了变化，开始走上"独善其身"的生活道路。在《读〈庄子〉》诗里，他清楚地说自己："去国辞家谪异方，中心自怪少忧伤。为寻庄子知归处，认得无何是本乡。"他不但以《庄子》的"无何有之乡"为自己的避风港，而且也欲在禅门中求得一片寂宁的心境，"每夜坐禅观水月，有时行醉玩风花。净名事理人难解，身不出家心出家"（《早服云母散》）。可以看出，他晚期的生活是庄、禅双修，以闲适为上的。这种人生情趣在

他的诗作中有大量的表现,如:

> 身适忘四支,心适忘是非。既适又忘适,不知吾是谁。百体如槁木,兀然无所知。方寸如死灰,寂然无所思。(《隐几》)

> 了然此时心,无物可譬喻。本是无有乡,亦名不用处。行禅与坐忘,同归无异路。(《睡起晏坐》)

> 小书楼下千竿竹,深火炉前一盏灯。此处与谁相伴宿,烧丹道士坐禅僧。(《竹楼宿》)

这些诗表现的是庄、禅不分的人生思想情趣。正是在这人生境界中,白居易体悟到了"闲适"的人生乐趣,并以此作为自己晚年的人生归宿。"空山寂静老夫闲,伴鸟随云往复还。家醖满瓶书满架,半移生计入香山"(《香山寺二绝》)、"死生无可无不可,达哉达哉白乐天"(《达哉乐天行》)。

明白了白居易"身适""心适"的意义,也就不难想象柳宗元在贬永州后何以会创作那么多的山水游记。"寄情山水",本来就是道家所提倡的人生情趣,而从山水中参禅悟道更是禅宗明心见性的不二法门。虽然,我们不敢说柳宗元寄情山水就是深受《庄子》影响的结果,但从他为文要"参之《庄》《老》以肆其端"(《答韦中立论师道书》),从他"悠悠乎与颢气俱,而莫得其涯;洋洋乎与造物者游，而不知其所穷"（《始得西山宴游记》）的精神境界追求中，我们不是还多少可以感受到一点庄学的气息吗？经过魏晋六朝文人对庄、佛玄理的相互渗透和隋唐文人庄、禅双修，适意畅情的进一步深化，庄、禅更是二而一地走在了一起，成了宋元以后文人失意之时用以自慰的基本心理定势。事实上，宋元以后的文人也正是沿着这条路子走下去了。

较之唐人，宋代的文人士大夫在心理意识上似乎更成熟也更细腻了。尽管宋人有的是"豪放"之气，像苏轼、辛弃疾等，但同唐人相比，与其说"豪放"，不如说是"旷达"。宋人在生活方式上虽也常常表现出一点放达来，但更多的是一种闲适，是一种看破红尘后的心不在焉。他们没有像李白那样狂歌大笑，而是像白居易那样追求一种身心的闲适，一种能够自我排解、自我安慰、自我超脱的旷达。就这点说，他们同庄、禅的旨趣走得是越来越近了。宋代深受庄子思想影响的文人是很多的，像柳永、三苏，江西诗派的黄庭坚、陈与义，南宋的辛弃疾、李清照等，在他们的身上，都或多或少地可体悟到庄子的人生旨趣和思想性格，但受庄子影响最深的莫过于苏轼。如果说李白是唐人受庄学影响的典范，那么苏轼则是宋人受庄学影响的代表。

苏轼同李白一样生于道教活动甚盛的四川，自少就受到了道教思想的浸染，对《庄子》也很倾慕。据苏轼胞弟苏辙为其写的墓志铭记载,苏轼"少与辙皆师先君,初好贾谊、陆贽书,论古今治乱,不为空言。既而读《庄子》,喟然叹息曰:'吾昔有见于中,口未能言,今见《庄子》,得吾心矣。'"苏轼早年崇尚《庄子》,对他今后的思想性格产生了深刻的影响。"奋厉有当世志"的苏轼,一生走的是坎坷不平的道路。王水照先生说:"就其主要经历而言,正好经历了两次在朝—外任—贬居的过程"(《苏轼选集序》),宦海的浮沉,使苏轼对人生有了深刻的认识,他反思自己生活时说:"俯仰四十年,始知此生浮。"在他看来,天地无尽,人生有穷,"以彼无尽景,寓我有限年"(《和陶归园田居》其一),而"人生本无事,苦为世味诱"(《夜泊牛口》),故而产生了无限的痛苦和烦恼。为了排解自己,他用庄子齐万物一生死,随遇而安和禅宗一切相色最终是空的思想来看待人生,认为"人生悲乐,过眼如梦幻,不足追"(《与王庆源》),于是采取"吾生本无待,俯仰了此世"(《迁居》)、"物我相忘,身心皆空"的旷达的人生态度,来处世行事,追求"会当无何乡,同作逍遥游"(《九日次定韵》)的人生境界。

苏轼同李白不同。李白是有悲便发,有欢便抒;苏轼则表现的是异常开朗静放,超远旷达。他不是更多地去宣泄自己的喜怒哀乐,而是把它深深地埋在心中,慢慢咀嚼,细细体味,用庄老思想和禅宗义理去化解它,消释它。在苏轼那里，喜怒哀乐在于内在心理机制的调节，他有悲有欢，但他始终不把悲欢看作人生的恒定，更是慎静以处忧患，"心空饱新得"地处理欢乐和悲伤。诚如他在《定风波》中所言："莫听穿林打叶声，何妨吟啸且徐行。竹杖芒鞋轻胜马，谁怕？一蓑烟雨任平生。料峭春风吹酒醒，微冷，山头斜照却相迎。回首向来萧瑟处，归去，也无风雨也无晴。"苏轼正是在这细雨和风中走向他宁静的精神家园，同时也正是在这旷达的精神情趣中，让人体悟到了苏轼一生中那浓郁的庄学玄蕴。

其实，宋人大都具有这种特点。南宋著名词人辛弃疾曾写过这样两首词。其一是《行香子》：

归去来兮，行乐休迟。命由天富贵何时。百年光景，七十者稀，奈一番愁，一番病，一番衰。

名利奔驰，宠辱惊疑，旧家时都有些儿。而今老矣，识破关机，算不如闲，不如醉，不如痴。

其二是《卜算子》：

一以我为牛，一以我为马。人与之名受不辞，善学庄周者。

江海任虚舟，风雨从飘瓦。醉者乘车坠不伤，全得于天也。

"醉者坠车"的寓言见《庄子·达生》篇。这里表现的正是失意之时的旷达,悲苦之后的逍遥。苦痛虽然并未全部化去,但都深深地潜藏在了作者的心底。不是去放浪形骸地排解它,而是以一种物我相忘的办法去消释它。如果说在前一首词中透发出的是一种禅关的话,那么后一首词表现出的则全是"庄"意了。

"江山代有才人出,各领风骚数百年。"到了元明时期,深受庄子人生观影响,在人格心理上表现出浓郁庄学色彩的文人也大有人在。尤其是明代中后期,由于商业资本经济萌芽的出现,也由于宋代以来理学思想对人的思想观念的禁锢,再加上此一时期社会政治的黑暗腐朽,许多文人士子都自觉地服膺老庄,亲慕禅风,无论是在日常生活情趣方面,还是在精神世界的追求中,都明显地表现出庄学风格。李贽、徐渭、袁宏道、唐寅等一大批文人,倡导"不拘格套""独抒性灵""独往独来,自抒其逸"的生活,或"无拘无束,自在度日",或"放浪曲蘖,恣情山水",以道家自然主义作为日常生活的指南。他们反对用"理"来束缚人的性情,倡真心,求自情,表现人的超尘脱俗,狂放不羁的个性,追求自由而个性独立的理想人格。这一派可称为庄学人生观影响下的放达派,带有明显的叛逆色彩。与此同时还应看到,在当时,还有"以传注为支离,以经书为糟粕,以躬行实践为迂腐，以纲纪法度为桎梏，逾闲荡检，反道乱德"（《四库全书总目·杂家存目·一贯编》）的另一派文人。他们的生活追求虽同前面所说的文人有许多相似之处，但在生活情趣、精神世界的追求上却有很大不同。如果把前类文人称为放达派，那么，这一类文人则可称为颓放派。正是在这种风气的刺激下，当时有的文士更是向极端发展，甚而至于人性以放荡为快，弹丝吹竹，日开舞宴，宾客满席，浊气熏天，纵情声色狗马之中，绮纨荒淫，表现出明显的纵逸荒放的生活特征。亦正是由于这种浊俗之风的盛行，使当时出现了一股后世人们所说的"狂禅"之风。

表面看来，这股狂禅之风是由于禅风大畅引起的恶疾流弊，实际上它鲜明地表现了那一时代的特色，具有深沉的"世纪末情绪"。同时，使人惊奇地看到，它同魏晋时期一部分文人的颓废狂放是多么的相似，都表现出一种叛逆中的颓废，颓废下的享乐的特色。也正是从此角度而言，明代中晚期大兴的狂禅之风，也可说是一种狂庄之风，是庄、禅合流的一种结果。关于晚明士人的狂放性格及其生活表现，限于篇幅，我们就不再展开举例说明了。感兴趣的读者不妨参看有关晚明文人研究的相关著作。

4. 几点启示

由于篇幅的限制和体例的规定,我们无法详细地去描述庄学人生观对中国传统文人士大夫人格心理的影响,但从以上的勾勒中,我们可以得出如下的启示。

第一,庄子人生观作为同儒家人生观相对立又相补充的另一重要的人生哲学,对秦汉以来的中国历代文人都产生了重要的影响,是中国传统人生哲学的重要精神支柱和实践价值目标。

第二,从社会发展阶段言,经济繁荣,政治清明,社会处于上升时期,往往是儒家人生观统治的时期,而当社会动荡、政治黑暗之时,庄子人生观便会很快流行,或以此矫世抗俗,或以此全身避祸,表现出明显的叛逆性格,目的在于纠正儒学统治下的流弊,就此来说它是有一定的积极意义的。但同时,庄子人生观的流行往往伴随着一股浓厚的享乐色彩和颓废情绪,这又是它消极的一面。

第三,就个人心理发展来讲,当文人士大夫仕途顺利,抱负有为之时,往往把儒家修齐治平的价值观念作为自己人生奋斗的目标;而当政治昏暗、仕途坎坷、人生失意时,他们就会由儒入道,用老庄道家思想作为自己立身行事的依据,遁逃于道家思想的精神壁垒中,来安顿自己那颗苦闷的心灵。

第四，就表现形态来看，在儒家思想影响下的文人大都强调群体意识，重在社会的义务和责任的实现，欲在社会责任义务的实现中充实自己的人生。而在庄子人生观影响下的文人，大都重视个性自由，追求个体人格的独立，或清静淡泊，或形迹狂放，既具有明显的抗世叛逆性格，又表现出鲜明的避世逃世色彩。

总之，庄子人生观对古代文人士大夫人格心理的影响是复杂而又深刻的。庄学精神作为一种思想观念，一种思维方式，一种审世方法，一种审美取向，一种价值目标，一种精神境界，一种生活态度，它对古代士人的影响是全方位多层次的，而古代士人在接受庄学的过程中也是全方位多层次的。有的注重对庄学学理性的探讨，有的注重对庄学精神性的继承，有的注重对庄学生活观念的汲取，有的注重对庄学进行批判性的改造，但不论是肯定也好否定也罢，其实都在以不同的方式传播着《庄子》，传承着庄学精神。庄子也正是在此继承、批判、改造中被不断地进行重塑和阐释，赋予了不同时代的不同价值意义。宋元之际著名道教学者杜道坚《玄经原旨发挥》卷下说："道与世降，时有不同。注者多随代所尚，各自其成心而师之。故汉人注者为'汉老子'，晋人注者为'晋老子'，唐人、宋人注者为'唐老子''宋老子'。"庄学的研究、接受与影响亦是如此，也存在"汉庄子""晋庄子""唐庄子""宋庄子",甚至还有"现代庄子"和"未来庄子"。就此而言,作为一部常读常新、阐释无限的文化元典,《庄子》深厚博大的思想价值仍然还会对未来中国民众士人的人格心理产生这样那样的影响,庄学精神永远不会衰竭,永远具有警世醒人的文化魅力。

五 《庄子》与中国传统宗教

中国传统宗教的派别是很丰富而复杂的，但对中国传统文化和国民性格产生过深刻影响的主要是道教和佛教。无论从宗教发展形态来看，还是从中国文化体系结构来看，道教和佛教都可以说是中国传统宗教的代表。

道教是中国土生土长的宗教，佛教是自古印度传入的外来宗教。在漫长的封建社会，佛、道二教作为统治阶级的两大重要精神支柱，对我国的政治、经济、思想文化都发生了深刻的影响，已成为中国传统文化的重要组成部分。《庄子》同佛、道二教是有着密切关系的。道教思想信仰体系的建立在许多方面是直接以《庄子》为思想渊源的，这是人所共知的事实。佛教虽是外来宗教，但它在中国传播的过程中，也吸收了中国传统的思想文化，也凭借了中国传统的思想观念或文化典籍，尤其是佛教初传时期，对道家《庄子》等中国固有文化观念的凭借就非常明显。到了隋唐时期，逐渐形成了适合中国文人士大夫心性的中国化的佛教——禅宗。而禅宗在许多方面曾汲取了庄子思想。可以说，如果没有《庄子》，道教将会失去许多诱人心魂的瑰丽色彩，佛教也不可能那么快地为中国文人所接受。因此，要了解中国元典文化的重要典籍《庄子》在中国文化史上的地位和影响，就必须了解它同佛、道二教为代表的中国传统宗教的关系。

1.《庄子》与道教

在了解《庄子》与道教的关系以前，有必要先了解一下什么是道教。

道教是在中国固有文化孕育下土生土长的具有浓郁中国民族文化特色的宗教。作为最早的宗教形式，道教创立于主荒政谬、忧患侵扰的东汉末年。张陵父子领导的五斗米道和张角兄弟领导的太平道，是早期道教的两大基本教团组织。道教虽创立于东汉末年，但道教所以产生的社会思想渊源却由来已久。概括来讲，道教主要是以先秦老庄道家思想为基础，杂糅了战国以来流行的神仙家关于神仙方术的信仰与传说，以及民间保存下来的原始宗教中的鬼神观念巫术迷信等因素，并在两汉谶纬神学思想的直接刺激下出现的。就具体的产生形态来说，汉代流行的黄老道、方仙道、巫鬼道应是道教的前身或者说是雏形。道教思想信仰的核心或者说它精神追求的最终目标是长生久视,羽化升仙。道教主张我命在我不在天,只要通过一定的修炼养生之术,人就可以长生不死,得道成仙。道教不同于佛教、基督教等其他世界性的宗教,它虽超世但不出世,是极重现实与世俗的宗教。道教也不像佛教那样把人生在世看成苦海无边,要求禁欲,而是极其贵生重乐的,是一种追求长生乐身的宗教。这是道教区别于其他宗教的最基本的特征。由于道教在创立它的思想信仰体系时是"上标老子,次述神仙"(刘勰《灭惑论》),就是说它是把道家创始人老子奉为自己的开教祖师,把老子的《道德经》尊为开教的圣典,把神仙生活作为修炼养生的终极目标,把老子提出的"道"神化为宇宙万物的本原和主宰者,并将之作为道教的根本教理来信仰和崇拜,所以后世称之为道教。

不过值得注意的是,道教理论信仰体系的建立虽以道家思想为基础,但在创教的初期,道教徒们主要是神化和尊奉老子,对庄子其人与其书则是很少注意的。道教早期经典《太平经》说宇宙至尊的天神号"皇天上清金阙后圣九玄帝君",他本姓李,治掌十方之天,总领宇宙万物和亿万兆庶(百姓)。这里说的姓李的"九玄帝君",实际上指的就是老子。另一部道教早期经典《老子想尔注》就更是明确地推尊老子为"太上老君"。在当时,不但道教徒们极力地神化老子,统治者也是把老子作为天神来看待的。据《后汉书·桓帝纪》记载,汉桓帝就曾于延熹八年(公元165年)两次派人到老子的家乡苦县去祭祀老子,而且在延熹九年,汉桓帝还亲自在濯龙宫祭祀老子。

在老子被人们极力崇奉并由人改造为神时,庄子却是"门前冷落车马稀"。在魏晋南北朝时期,虽然由于玄学的大盛,《庄子》一书曾在文人士大夫中广泛流传,但总的来看它还没有同道教发生必然而直接的关系。《庄子》真正由一部哲学著作演变成为道教的主要经典,那是到了唐代的事了。

由于唐朝皇室姓李,而老子恰好也姓李,为了统治的需要,也为了光宗耀祖,争个正统,唐朝皇室便想尽一切办法拉近同这个被奉为道教教主的老子的关系,自认是老子的血脉嫡传。唐太宗李世民自称是老子的后裔,唐高宗李治就正式加封老子为太上玄元皇帝。这时,祖述老子学说的庄子学派也开始跟着沾起光来。先是唐玄宗于开元二十年(公元732年)设置崇玄学,令生徒诵习《道德经》《庄子》等书,可以作为选官的明经科考试,后干脆于天宝元年(公元742年)正式加封庄子为南华真人、文子为通玄真人、列子为冲虚真人、庚桑子为洞虚真人,作为老子的四大弟子配享祭庙。于是,《庄子》便被尊为《南华真经》,正式列入道教的经典,成为后世道徒必须诵读的经书。

表面看来，庄子由一个隐君子转身一变而为一个快活神仙，《庄子》由一部正经的哲学著作演变成一部宗教的经典，是得力于唐王朝的行政命令，而实际上《庄子》与道教是早有仙缘的。且不说道教在建立其思想信仰体系时在很多地方吸取了《庄子》的思想（详下），就是《庄子》中那处处表现出的仙风道骨，也早已为它进入道教世界准备了入场券。

任何宗教都有自己的一套教理教义，这是其区别于其他宗教的本质特征。道教自然也不例外。道教自东汉末年创教之始起，就是奉老子为至尊的天神和祖师，并以老子的"道"为最根本的教理的。庄子学派作为老子学说的继承和发展者，他也是以"道"为最高的原则的。庄子同老子一样，认为"道"是宇宙万物的本原和依据。《庄子·大宗师》中曾这样描述"道"：

> 夫道，有情有信，无为无形；可传而不可受，可得而不可见；自本自根，未有天地，自古以固存；神鬼神帝，生天生地；在太极之先而不为高，在六极之下而不为深，先天地生而不为久，长于上古而不为老。

这段话的意思是说"道"是真实存在而又有信验的，它无所作为也没有形迹，只可心传而不能口授，只可心得而不能目见。"道"生于天地产生之前，自古就存在着。

天地鬼神都是由"道"产生的。"道"在太极之先却并不算高，在六合之下却并不算深。尽管它产生在天地之前，但并不觉得长久；尽管它生长在上古，却永远不会衰老。如果结合《庄子》中对"道"的其他论述，可以看出，《庄子》所谓的"道"有这样几个特点：

第一，道存在于天地万物之前，天地万物都是由道产生的；道是宇宙万物的本原，也是宇宙万物所以存在的根据。

第二，道无所不在，无处不有，具有超越时空的无限的普遍性和绝对的永存性。

第三，道是"无为"的，具有无目的性。

第四，道又是"可传而不可受"的，具有无限的模糊性和神秘性。

《庄子》对道的性质特征的论述，曾对道教论述其根本的教理产生了深刻的影响，是道教教理的根本基础。如《太平经》在论述"道"时就这样说：

> 夫道何等也？万物之元首，不可得名者。六极之中，无道不能变化。元气行道，以生万物，天地大小，无不由道而生者也。

意思是说"道"是宇宙万物的根本原理，天地是由道产生的。《太平经》对道的这种论述同《庄子》对道的看法是非常近似的。再如唐代著名道士吴筠《玄纲论》中对道的论述，也是如此。他说：

> 道者何也？虚无之系，造化之根，神明之本，天地之源。其大无外，其微无内，浩旷无端，杳冥无际。

不难看出，他不但继承了《庄子》对道的宇宙本原性的论述，而且对道的无限普遍性和绝对永存性的论述也是受《庄子》的影响的。

葛洪在道教思想史上是一个很重要的学者，他建立的神仙道教思想体系，对后世道教的发展产生过深刻的影响，被称为"葛氏道"。葛洪在建立他的神仙道教思想体系时，是用"玄"来作为他神秘主义本体的最高的理论概括的。在《抱朴子·畅玄》中他说：

> 玄者，自然之始祖，而万殊之大宗也。眇昧乎其深也，故称微焉。绵邈乎其远也，故称妙焉。其高则冠盖乎九霄，其旷则笼罩乎八隅。

又说"玄"：

> 金石不能比其刚，湛露不能等其柔，方而不矩，圆而不规。来焉莫见，往焉莫追。

"玄"是自然万物的始祖，无所不在，亘古永存，深不可测。金石没有它刚，湛露没有它柔。来时看不见，去时追不上。初看,葛洪的"玄"真是够玄乎了,但若仔细地品味,它对"玄"的特性的概括同上面所引《庄子》对"道"的概括不是很相似吗?只是词语有所变换罢了。其实,葛洪所说的"玄"也就是变了名称的《庄子》所说的"道"。这说明道教徒无论怎样去概括他的最高教理的特性,也无论用什么名称来代替"道"的概念,但在论述它的宇宙本原性、绝对永恒性和无限普遍性、神秘性时,都仍是以老庄所说的"道"的特征为基础特征的。

但宗教毕竟是宗教,如果它一味地步前人后尘,那就不可能编造出使人眼热令人信服的谎话了。道教虽然说继承了老庄对道的论述,并把它作为其根本的教理,但道教徒们又对其进行了合乎其目的的改造。首先,他们把老庄的无目的性的道改造为有目的性有人格意志的精神实体,即天地万物的主宰者,使道具有了人格神的意义。其次,他们在神化道的同时,也神化老子,强调老子即是道,道即是老子,老、道是一体的。也就是说他们把道的特性看作是老子本身的特性,老子是道的化身。这样,道教不但确立了"道"这个抽象的有人格神意义的精神实体作为自己的根本教理,而且也创造了一个质实可感的教祖——太上老君的形象。这是道教吸收道家关于"道"的思想又不同于道家的基本特征。

道教不但在最根本的原理上受到了《庄子》的影响,

而且它在塑造自己的神仙时，也基本上是以《庄子》中的"至人""神人""真人"为模型的。

　　道教虽以道为最高最根本的教理，但它真正具有诱惑力并令后世文人和道教徒们如痴如迷神往追羡的还是道教中所宣扬和塑造出来的那些无忧无虑、快乐异常、长生不死的神仙。神仙信仰是道教的根本信仰，但信奉神仙并非是从道教出现才开始有的。早在道教创立以前，神仙思想就在社会上广泛流行并存在了。我国较早的典籍《山海经》中就有许多"不死国""不死药""不死民"的记载。据《史记·封禅书》记载，在战国的齐威王、齐宣王、燕昭王时期，神仙传说就很流行。当时有宋毋忌、正伯侨、充尚、羡门高等人"为方仙道"，说东海中有三座仙山，即蓬莱、方丈、瀛洲，在渤海中，上有仙人居住，也有不死之药，人若能登上仙山，取得不死之药，就可长生不死，成为神仙，并说当时"世主（即国君）莫不甘心焉"。在中国历史上第一个崇尚迷恋神仙之事的皇帝是秦始皇。据《史记·秦始皇本纪》记载，秦始皇当了皇帝之后，非常害怕死，于是就相信了当时的方士卢生、韩终、侯公、石生的话，并派他们求成仙不死之药，但结果并没有得到。秦始皇非常生气，卢生就对秦始皇说："我们求不到仙草灵药，是因为有其他恶类的阻碍。皇帝你应该微行而不让人知，避开恶鬼，真人就会来。"于是秦始皇说:"吾慕真人,自谓真人,不称朕。"据《史记·秦始皇本纪》张守节《正义》引《括地志》等书说,秦始皇还曾派徐福率领童男女入海寻求仙人,结果徐福找不到仙人,得不到不死药,害怕回来后被杀头,就带领这群男女逃到了东海中的亶洲,即现在的日本。秦始皇之后的历代帝王都有迷恋神仙之事,如汉武帝、唐明皇等,有的甚至还为此而丢掉了性命。

在我国的典籍文献中也有许多关于神仙思想的记载。从先秦典籍来看,大量记述神仙思想的首推道家,道家又首推《庄子》。严格说来,《庄子》不是一部谈神仙说鬼怪的书,而是一部探讨人生的哲学著作。但《庄子》在谈人生境界和对得道之人的描绘中,处处又表现出一股浓郁的神仙气息。《庄子·天地》篇就说:"千岁厌世,去而上仙,乘彼白云,至于帝乡,三患莫至,身常无殃。"意思是说人居世间即使千岁,也免不掉烦扰厌世的情绪,不如超世而求仙,乘着那白云,到天帝居住的地方去,到了那里就不会有忧患缠身了。在《庄子》中有许多"得道之人",即"神人""至人""真人"。如《大宗师》中就塑造了一个"古之真人",他登高不惧,入水不湿,入火不热,而且呼吸同凡人也不一样,他是用脚跟来呼吸的。最具有典型性的恐怕要数《逍遥游》中的那个"藐姑射山神人"了。他"肌肤若冰雪,绰约若处子,不食五谷,吸风饮露,乘云气,御飞龙,而游乎四海之外",意思是说这个神人皮肤洁白,犹如美丽的少女一般,不食人间的五谷杂粮,专以吸风饮露为生。他还会乘云驾雾,御驾飞龙在天上自由自在地往来。

《庄子》书中这些"神人"的描写对道教建构神仙世界产生了深刻影响。道教许多仙经道传对神仙的描绘大都是以此为基本原型的。黄帝、东王公、西王母、赤松子、彭祖,乃至后来民间所说的玉皇大帝,都是道教崇信和描写的著名的仙官真人,他们大都生活得无忧无虑,逍遥自在,不为物役,不为情牵,居则琼楼玉宇,金碧辉煌;饮则玉液琼浆,风华芝英;出行则有龙凤驾车,白鹤旁飞,虎豹清路,仙童玉女伴随。不但生活上他们应有尽有,而且还神通广大,法术无边,"或竦身入云,无翅而飞;或驾龙乘云,上造(到)天阶;或化为鸟兽,游浮青云;或潜行江海,翱翔名山;或食元气,或茹芝草;或出入人间而人不识,或隐其身而莫之见"(葛洪《神仙传·彭祖传》)。关于神仙的本领凡是看过《西游记》《封神演义》的读者恐怕是记忆犹新,难以忘怀的。在道教所塑造的这些神仙中,有的是直接从《庄子》书中演义出来的,如黄帝、彭祖、广成子、列子等;有的虽是后来的新秀,但关于他们的描写大都同《庄子》中神人的刻画有相似之处。总之,《庄子》中的"神人""至人""真人"就是后世道教的神仙原型，是道教塑造神仙的基本理论和形象依据。

其实，不但道教描绘神仙时借用了《庄子》中的神人、至人的特征，就是道教中的有些神仙头衔也是从《庄子》中直接借用来的。如"真人"这个称呼。《庄子·天下》说："关尹、老聃乎，古之博大真人哉。"是说他们都是得道达道之人。在道教中关尹、老聃不但成了神仙，而且真人也成了一类神仙的名称，如托塔李天王李靖的三太子哪吒的师父就称为太乙真人。至于其他的称呼如上仙、玄仙、天仙、神仙、至仙等也同《庄子》有着密切的关系。这都足以说明《庄子》对道教的神仙队伍的建设和神仙"梯队"的构成是作出过"贡献"的。庄周后来被封为南华真人，《庄子》被尊为《南华真经》也是"名实双归"了吧。

道教作为一种宗教，它的理论信仰体系极其庞杂，不但有自己的根本教理，而且有自己的信仰目标——神仙。为了指导世人得道成仙，它还设计了许多得道成仙的方术，这些方术简直是五花八门，令人眼花缭乱。概括而言，其基本的途径和方式主要有以下几种：

一、服食丹药灵草。道教认为通过服用一些仙草灵药，就可长生不死成为神仙。如梁朝陶弘景《养性延命录》中引《神农经》说："食谷者，智慧聪明；食石者，肥泽不老；食芝者，延年不死。""芝""石"指的就是仙草丹药。所以，他又说"食药者,与天地相毕,日月并列",即可以长生不死。著名的"嫦娥奔月"的仙话故事说的就是嫦娥偷吃了西王母给她丈夫、当时的射日英雄后羿的不死药而升天成为广寒仙子的。

二、导引。就是通过人的肢体的屈伸俯仰的运动,以调节血脉,健身祛病,从而益寿延年的一种方法。可能很像现在所说的太极拳之类的运动。道教典籍中就有《玄鉴导引法》等多种导引方术的记载。

三、胎息吐纳。道教认为通过对人的呼吸系统的调节,使气沉丹田,守息而练亦可身心永固,长生不死。唐代著名医学家又是道士的孙思邈在《存神练气铭》中曾说:"气为神母,神为气子,神气若俱,长生不死。"因为此种方术主要是通过调节人的呼吸来达到身心贞固的,所以又称为行气服气术。

四、守一存思。这也是道教倡导的一种长生方术。《太平经》中就有"古今要道,皆言守一,可长存而不老"的说法。守一指人的意念专注于"一","一"即"道";存思是闭目静思,使精神意会处于高度入静的状态,忘却一切烦忧事物。存思就是守一,同今天的某些气功差不多。

五、房中术。就是在性生活中的一种养生之术。葛洪《抱朴子·释滞》说:"房中之法十余家,或以补救伤损,或以攻治众病,或以采阴益阳,或以增年益寿,其大要在于还精补脑一事耳。此法乃真人口口相传，本不书也。虽服名药，而复不知此要，亦不得长生也。"可见房中术也是道教很重要的长生方术的一种。

当然，道教对长生方术的论述远不只这些，诸如守庚申，辟谷，内丹，外丹等还有很多，这里不再一一列举。

道教的这些成仙方术来源是很复杂的。但我们注意到在这些众多的成仙得道方术中，有一些是从《庄子》那里演变过来的，或者说至少是受了《庄子》的影响。

《庄子·在宥》记有广成子向黄帝传道的一则寓言故事。黄帝问广成子"至道"和"长久"之法，广成子告诉黄帝说："无视无听，抱神以静，形将自正。必静必清，无劳汝形，无摇汝精，乃可以长生。"又说"天地有官，阴阳有藏，慎守汝身，物将自壮。我守其一以处其和，故我修身千二百岁矣，吾形未常衰"。这两段话的意思是说，人只要视听不外用，保护精神的宁静，身体就自然健康。不使形体劳累，也不要耗费自己的精神，才能长生。天地各有职司，阴阳各有其位，谨慎保护自己，持守至道统一并使之和谐，就可长生不衰。广成子、黄帝后来都是道教崇奉的神仙。这里广成子向黄帝传授的就是"守一"之法。《大宗师》中关于孔子、颜回"心斋""坐忘"的寓言说的实际上也是存思守一。唐代道士司马承祯专门写有《坐忘论》来论述坐忘之法的成仙途径，这说明"坐忘"即存思守一,是道教修炼的重要方法,而这种方法正来自《庄子》。

道教所说的导引术也是来自《庄子》。"导引"一词最早即见于《庄子·刻意》篇:"吹呴呼吸,吐故纳新,熊经鸟申,为寿而已矣;此导引之士,养形之人,彭祖寿考者之所好也。"这里的"熊经鸟申"就是导引,而"吐故纳新"则同道教所说的胎息吐纳方法又有密切的关系。在《庄子·达生》中有关于"纯气之守"的论述,说只要"一其性,养其气,合其德,以通乎物之所造",就可"行乎万物之上而不栗"。可以看出,这里的"纯气之守"不但同道教的胎息吐纳有关,而且同"存思守一"也紧密相通。由此可以证明《庄子》中的许多关于得道至道的论述,经过道教徒们的改造后来都成了道教的修炼成仙的重要方术。

综上所述,道教无论是在根本教理的确立和论述上,还是在神仙信仰的表述及神仙队伍的建构上,或者是得道成仙的方术和神仙名称的称谓上,都深深地打上了《庄子》的烙印。其他如《庄子》书中那明显的宿命论色彩和超世心态,那旷达逍遥、无欲无情、追求与道合一、至乐的人生态度等等,在道教理论体系中都可找到明显的表现。限于篇幅,此处不可能全部展开来谈。但仅从以上各方面的勾勒中也完全可以看出《庄子》对道教的深刻的影响了。

2.《庄子》与佛教禅宗

佛教与基督教、伊斯兰教并称为世界三大宗教，佛教创立于约公元前6世纪的古印度。创始人是古北印度迦毗罗卫国净饭王的太子，名悉达多，姓乔达摩。相传他20岁出家，经过6年的苦行生活，最后于菩提树下觉悟，成为"佛陀"，简称佛。佛的本义是大智觉悟者。佛教徒尊称他为释迦牟尼，意思是释迦族的圣人。这个释迦牟尼就是我国古典名著《西游记》中描写的那个孙悟空在他手掌中撒过尿，后又被他压在五行山下的如来，如来为释迦牟尼十称号之一。

释迦牟尼作为佛教的创始人，他最关心的是宗教道德的实践问题，也就是人生归宿即人生哲学的问题。他认为人一生下来即充满了痛苦，并处于生死流转不息的轮回之中。人们若要摆脱痛苦，超越生死轮回，取得正果，就只有视物质世界与我为"空"，熄灭一切妄想欲念，并通过"戒""定"等修行办法，进入"涅槃"境界。"涅槃"境界是指一种超脱了生死轮回，熄灭了一切烦恼，内心空寂不动的境界。这既是原始佛教宣扬和追求的最高境界，也是佛教人生的最终归宿。原始佛教的基本理论主要是四谛说、十二因缘说、业力说、无常说和无我说等。（参阅方立天《佛教哲学》）后世佛教各部派基本上都是在这一理论框架上展开的。

佛教作为一种外来宗教文化形态，约在两汉之际传入我国，后来经过与我国固有文化的不断交流和融合，成为我国传统文化的一个重要组成部分，对我国思想文化产生了重要的影响。

佛教在传入中国之前就已是一种理论思维水平相当高、理论体系相当完整的宗教文化形态，因此，它要在文化背景迥异而且文化思维水平也相当高的中国进行传播和流布，就必须在中国固有文化中寻找到适合它传播流布的土壤、气候和能够与之相结合的心理基础，正是在这一点上，以老庄为代表的道家思想同佛教发生了机缘。崔大华在《庄学研究》中谈到《庄子》与佛学时曾指出："中国佛学的一个深刻的理论特色，表现为它对于印度佛教中那些艰深的、迥异于中国固有的传统思想的宗教思想的理解，和在某种意义上是离开了印度佛学的固有理论轨道的独立发展，都是在道家思想，特别是在庄子思想的影响下发生的；这种影响在一定程度上显示了或表征着中国佛学按其理论内容深浅程度不同可划分为三个阶段——理解、消化、创新，并大体上对应着佛教初传（汉魏）、漫延（两晋）、鼎盛（隋唐）三个历史时期。"因此，考察《庄子》与佛教的关系及其影响，也只有在这种历史发展的进程中才能看明白。

汉魏时期是佛教在中国的初传时期，但此时的佛教并非以一种新的宗教文化形态的面貌出现的，而是依赖中国固有的传统思想观念特别是巫鬼神仙方术即道教的表现形态而加以传播的。就是说，在汉魏之际，佛教还没有取得独立发展的地位，也没有被看作是一种新的外来的宗教。关于此只要看看中土人士对待佛的态度就很清楚了。在我国士人贵族中较早接受佛教的影响并对其加以敬奉的，据史料记载较可靠的是光武帝刘秀之子楚王刘英。《后汉书·楚王英传》说他"少时好游侠，交通宾客。晚节更喜黄老，学为浮屠斋戒祭祀"，意思是说他年轻时好游客侠士，结交朋友，晚年喜欢黄老学说，学习浮屠有关祭祀斋戒的方法。汉明帝刘庄在给刘英的诏书中也说他"诵黄老之微言，尚浮屠之仁祠"。"浮屠""佛陀"皆 Buddha 的音译。到了东汉末年，最高统治者如汉桓帝也开始接受佛教。《后汉书·桓帝纪》就说汉桓帝"饰芳林而考濯龙之宫，设华盖以祠浮屠、老子"。这些材料虽然记述简略，但有一点是很清楚的，即佛教在刚传入我国的初期，中土人士是把佛同老子、佛教同道教方术一样看待的。

在当时，不但中土人士视佛教为道教之一种，佛教中人为了使自己的理论观念得以流布，也自觉不自觉地表现出老庄道家色彩。如梁慧皎《高僧传》中记载早期佛经译师安世高时，说他是"安息国王正后之太子"，"克意好学，外国典籍及七曜五行医方异术，乃至鸟兽之声，无不综达"。

"外国典籍"无疑指的是佛教经典,而"七曜五行医方异术"则是指的汉代方士们所惯用的方术。(参阅任继愈主编《中国佛教史》第一卷)又说明佛教在初传时,为了适合中国的本土文化,也是自觉不自觉地向黄老、道教靠拢的。关于此种现象,汤用彤先生在《汉魏两晋南北朝佛教史》中有甚精密的分析,他认为在汉代佛教与道术是不分的,纯表现为一种祭祀,这主要是因为当时中土人士对佛教还不甚了解,所以,把佛视为神仙方术和道教的一部分;而佛教为了传播,也"自附于老子",而"投一时之风气"了。

在这种风气的影响下,无论是早期的佛经传译还是对佛的理解,自然也免不了以道释佛,表现出佛学道家化的倾向。

就译经来看,汉魏时期的佛经传译主要有两大系:一是安世高系统的禅学,另一是支谶支谦系统的般若学。这两大系统从佛学侧重点说是有区别的,但就在典经传译时以道释佛这一点说又是有相通之处的。"安世高系统的禅学主旨在于修炼精神,在于守意而明心"(侯外庐《中国思想通史》第三册),这一系统译的佛经主要有《安般守意经》等。如在解释"安般守意"时,当时经师基本上是以老庄思想的基本概念来比附的,他们认为"安为清,般为静,守为无,意名为,是清静无为也"(转引自侯外庐《中国思想通史》)。又如《安般守意经》中"息不报便死,知身但气所作,气灭为空"的观点,显然是运用了《庄子·知北游》中关于"人之生气之聚也"的观点。这种例子可以说是不胜枚举。支系的般若学也具有这个特点。般若学的兴起本身即是在魏晋玄学的直接刺激下出现的,这自然是般若经师在译经时带有浓郁的老庄色彩。如这一系译的《般若道行品经》中就分明浸透着庄学色彩。《泥犁品》第五:"般若波罗蜜,于一切法悉皆自然。"《照明品》中又说"一切诸法亦本无"。他们用"本无"译佛经中的"真如",用"大明"译"般若",用"道行"译"波罗蜜行",等。并用庄子思想中的"自然"释"本无",以"本无"来解释佛家的"空"观。这充分说明,佛经在传译之初即自觉或不自觉地受到了庄子思想的影响,至少说他们是借用庄子思想来传播佛教义理的。

译经如此,对佛的理解也有这种倾向。牟子《理惑论》是我国佛教思想史上较早关于佛的论述的资料,其中谈到佛的特征时说:

> 佛之言觉也,恍惚变化,分身散体,或存或亡,能小能大,能圆能方,能老能少,能隐能彰,蹈火不烧,履刃不伤,在污不染,在祸无殃,欲行则飞,坐则扬光,故号为佛也。

佛是觉悟的意思,能够微妙变化,有分身术,有时存在有时消形，能大能小，能老能少，也会飞行。这关于佛的描写很容易让人联想到《庄子》中对"神人""真人"的那些描写。虽然没有更多的史料证明它就是用《庄子》中神人的形象来比附佛的，但若结合上述的事实，恐怕还是可以说它关于佛的描绘实则受到了《庄子》关于神人描绘的影响。

总之，在佛教传布的初期，无论是中土的一般文士还是佛教信奉者，都在自觉不自觉地以道释佛，道家特别是《庄子》成了理解佛教思想的重要的理论中介，诚如崔大华《庄学研究》所说，佛学初传时，我国文人在对这一种特异的思想体系的观念的认同中，《庄子》提供的名词、概念、思想起了重要的作用。

两晋以后，随着佛经被大量系统地传译进来，佛教中人对佛经义理的理解也日趋深刻精确。但同时，由于接受的经典不同，自身所受的文化修养不同，因此在佛经义理的理解上，在佛教徒内部也发生了分歧；再加上魏晋玄学的浸润和推澜，在佛教内部出现了解佛的著名的"六家七宗"。"六家七宗"的出现，标志着佛学进入我国后在理论上形成了第一个繁荣时期。

不过，若从当时整个的文化知识阶层来看，尽管那时的文人表现出明显的亲佛慕道的色彩，但真正能够准确理解佛理真义的人却是很少的。《世说新语·文学》中曾记载有这样一件事：支遁（道林）、许询等人集聚在会稽王的住所，"支为法师，许为都讲。支通一义，四坐莫不厌心；许送一难，众人莫不抃舞。但共嗟咏二家之美，不辩其理之所在"。"不辩其理"，与其说是当时文人不关注佛经义理，不如说是他们还不甚明了佛理真义。他们所关注的只是麈尾风流、适性而乐的形式罢了。这种情况在《世说新语》《高僧传》等书中有很多记载。因此，如何使佛经中的高深义蕴能够很快而又较准确地为当时的文人所接受，并在社会上广泛流传，便成了当时佛教高僧们的当务之急。为了帮助一般文人理解佛旨，就有必要从中国固有文化概念中寻找到与佛理相通的思想观念，以便使文人在认同中求得理解。于是，一种相当有效的解经方法——"格义"便出现了。

关于"格义"，《高僧传·竺法雅传》载："法雅，河间人，凝正有器度，少善外学（即佛教之外的学问），长通佛义，衣冠士子，咸附咨禀（询问），时依门徒，并世典有功，未善佛理（意思是说他的门徒通晓佛教以外的书，但对佛经本身理解不深）。雅乃与康法朗等以经中事数，拟配外书，为生解之例，谓之格义。"可以看出，"格义"就是用中国固有的文化哲学概念，其中主要是老庄道家学说来解释比附佛经中的范畴概念。"格义"法的出现客观上要求佛教高僧们不但精解佛理，而且对老庄之书也要有很深的修养。所以，当时许多高僧都通晓老庄之学，并在实践生活中用庄学来解佛学。如竺法潜"优游讲席三十余载，或畅方等，或释《老》《庄》"，释道立以"《庄》《老》三玄，微应佛理，颇亦属意焉"，释僧肇"历观经史，备尽坟籍，爱好玄微，每以《庄》《老》为心要"，释慧观"妙善佛理，探究老庄"。（均见《高僧传》本传）在这方面值得一提的是东晋的两名高僧支遁和慧远。

支遁字道林，俗姓关，25岁出家，同东晋名士王濛、殷融、谢安、王羲之等有甚密的交往。他是一位"典型的具有清谈家条件杂糅释老（庄）的僧人，他对于清谈家最为宗奉的典籍《庄子》更有独到的见解"（《中国佛教》第二册）。《世说新语》中记载他的事迹很多，在《文学》门中曾有这样的记载，说关于《庄子》的《逍遥游》大家谈论得很多，但基本没有超出郭象、向秀注的范围，支遁在白马寺时曾论说《庄子》，"卓然标新理于二家之表，立异义于众贤之外，皆是诸名贤寻味之所不得。后遂用支理"。支遁关于《庄子·逍遥游》的解释之所以影响很大，主要是他掺合进了般若学的思想。值得注意的是，支遁作为一名高僧对《庄子》有甚深的理解，这固然是受了佛学的影响，但另一方面是否也可说是《庄子》影响了支遁，因为影响都是相互的。关于此，我们看看支遁的一些诗作就明白了。如他的《咏怀诗》五首之一：

> 傲兀乘尸素，日往复月旋。弱丧困风波，流浪逐物迁。中路高韵益，窈窕钦重玄。重玄在何许，采真游理间。苟简为我养，逍遥使我闲。寥亮心神莹，含虚映自然……踟蹰观象物，未始见牛全。毛鳞有所贵，所贵在忘筌。

这首诗中"见牛全""忘筌"的典故均出自《庄子》书，在思想情趣上也同《庄子》有相一致之处，这充分说明支遁不但以佛解庄，同时《庄子》也在深深地影响着支遁。

如果说支遁是东晋高僧中解《庄》的能手，那么，慧远则是用《庄子》格义佛经的行家。慧远，雁门楼烦（今山西宁武附近）人，本姓贾，《高僧传》说他"少为诸生，博综六经，尤善《庄》《老》"。他后来拜道安为师出家当了和尚，因为"神明英越，机鉴遐深"，24岁就开始独立讲经。《高僧传》记有这样一件事：有人听他讲佛经，但很难理解，解说多次，门客不但不清楚，反而更加疑昧，于是他"乃引《庄子》义为连类"，即用《庄子》格义佛理，门客立即就明白了。后来道安特许慧远不废俗书，用格义法来讲释佛经。如果再看看慧远解佛说佛的文字，的确可以说他是经常引用《庄子》来阐释佛理的。《庄子》不但是慧远解释佛经的参悟之书，而且也深深地影响了他的思想。方立天在《慧远及其佛学》中对此有详细的讨论，明确指出"慧远的思想深受道家理论的影响"。

魏晋南北朝时期是玄风大畅、清谈炽昌的时期，也是佛学思想在我国大发展的时期。清谈名士要提高自己的理论思维水平，必然要从佛学中汲取养分；而佛学家要求得政治势力的支持，就必须同当时的名士们交往，交往又必须投其所好，因此，他们自然也要善好老庄之书。就是在这样的生活学术风尚下，名僧与名士不断交往，佛学与道家开始融合，佛教高僧也自然而然地受到了老庄思想的影响。双重的交流使当时的学术形成了滚动发展的趋势。庄学由于佛学的渗透，有了更进一步的发展，而佛学也因玄学庄学的支持，有了更为广阔的市场，最终玄学、庄学、佛学走向了合流的趋势。随着时代的变迁和社会政治思想文化的变异，到了隋唐时期便正式形成了既充满佛学色彩又具有浓郁庄学意味的适合当时文人士大夫口味的新的佛教形式——禅宗。禅宗的出现，标志着佛学中国化的成熟和完成。

禅宗是佛教的一个宗派，被称为"教外别传"。它"融汇了中国老庄道家的主静学说，采取了中国传统哲学尤其是崇尚简易的老庄道家的思维方式，乃至中国儒家的伦理思想(如仁孝等思想)等等,熔中印文化于一炉"(许抗生《禅宗与老庄思想》，见安徽人民出版社《庄子与中国文化》)。

关于禅宗的形成史，禅家有西土二十八祖和东十六祖的说法。实际上禅宗创立于我国的隋唐之际，它的奠基人是被尊为六祖的慧能和尚。慧能和神秀都是五祖弘忍大师的弟子,但在对佛性、成佛的理解上他们的看法很不一致。神秀主张渐悟,如他的偈语所云:"身是菩提树,心如明镜台,时时勤拂拭,莫使有尘埃。"慧能则主张顿悟。所以后人称神秀禅为北宗禅,慧能禅为南宗禅。但北宗的影响远不及南宗,因此,提到禅宗一般来讲主要指的是慧能开创的南宗。

禅宗的主要思想经典是慧能的《坛经》,此外在《五灯会元》等书中也有大量的资料保存。禅宗的基本要旨是主张明心见性,顿悟成佛。慧能曾写有一首偈语:

菩提本无树,明镜亦非台;佛性常清静,何处有尘埃。

这首偈语是针对神秀的偈语而发的。在慧能看来,人人皆有佛性,心即是佛,佛即是心。人天生本性清静,只要直指本心,便能"立地成佛"。诚如《坛经》中所说:"若起正真般若观照,一刹那间,妄念俱灭,若识自性,一悟即至佛地。"常人之所以不能成佛是因为没有弃除妄念。所以他又说:"自性迷,佛即众生;自性悟,众生即是佛。"因此,他主张"佛是自性作,莫向身外求",只要能"无念"即能摆脱烦恼来得佛性。"无念"就是不执着于念,顺任心的自然本性,不为外物和思虑所累。

可以说，禅宗是印度佛学与中国庄学的混血儿。禅宗在建立它的思想体系时，深刻地受到了《庄子》的影响和启发。关于禅宗受庄学思想的影响，在谈庄子与传统士人人格心理一节中已多少有所涉及，可以参看。这里我们需要指出的是，禅宗作为一种宗教形式，它所倡导的求"本心"的方法，同《庄子》是有密切关系而且明显是从《庄子》那里吸取来的。如《大珠禅师语录》卷下曾记有慧海的一段话，他说：

> 经传佛意，不得佛意……得意者越于浮言，悟理者超于文字，法过言语文字，何向数句中求？是以发菩提者，得意而忘言，悟理而遗教，亦犹得鱼忘筌，得兔忘蹄也。

这种思想观念不但同《庄子》中关于得道方式的论述有相通之处，而且其所用譬喻也是来自《庄子》。《庄子·外物》中说：

> 筌者所以在鱼，得鱼而忘筌。蹄者所以在兔，得兔而忘蹄。言者所以在意，得意而忘言。

显然，《庄子》中关于得道的论述被禅家所吸收，成了他们成佛的一种直接的方式和对待佛经的一种态度了。

禅宗作为"教外别传"，接受庄子思想的最深刻处，恐怕还是"自然"的观念。《庄子》主张"无待""逍遥"，要求"无为事任,无为知主"(《应帝王》),"任其性命之情而已矣"(《骈拇》)。禅宗则主张以"无念为宗,无相为体,无住为本"(《坛经》),说得更明白点即是"饥来吃饭,困来即眠"。禅宗的这一修持的"自然"观念同《庄子》思想中的自然观念是完全一致的。禅宗正是吸收了《庄子》的这种思想并把它改造成为一种简易的宗教生活中的修道方式来适合士大夫的口味的。

禅宗受《庄子》思想的影响是多方面的。禅宗主张明心清静,这是吸收了《庄子》中的主静学说;禅宗"以无念为宗"又是同《庄子》所倡导的"心斋""坐忘"相通的,其目的都在于剔除内心的烦恼,进入一种精神绝对自由的境界;禅宗主张直指本心,这实际上也是从《庄子》的"朝彻见独"、物我合一的思想借鉴发展而来的,其目的也是追求一种物我两忘,不关外物的精神自由的灵境。

总之,禅宗在建立它的思想理论体系时,一方面是继承了佛教内部的思想成果,如竺道生的"顿悟说";另一方面是借鉴和吸收了道家尤其是《庄子》中的有关思想观点,将其二者结合起来而形成的。禅宗之所以会得到后世文人士大夫们的青睐,恐怕同此有很大关系。后人将禅宗同《庄子》并提称为"庄禅",也是基于这一特点。

六 《庄子》与中国艺术精神

在先秦诸子中，对中国艺术精神影响最大的莫过于庄子。但是庄子却是一个反对艺术的思想家，或者说是一个艺术取消主义者。我们知道，庄子是主张"绝圣弃智"的，他认为"圣""智"是天下大乱的根源。因而他也反对音乐和文采，认为这些是扰乱人的耳目的。他在《胠箧》篇中说："搅乱六律，烧毁竽瑟，塞住乐师师旷的耳朵，天下的人才能保全他们听力的灵敏；消灭文饰，拆散五彩（绘画即五彩和线条艺术），粘住眼力最好的离朱的眼睛，天下的人才能保全他们眼力的明快。"在《天地》篇中又说：使人丧失自然本性的东西有五种，第一种就是"五彩扰乱眼睛，使人眼力不明"，第二种就是"五声扰乱人的耳朵，使人听力不聪"。庄子所以如此痛恨音乐和五彩，究其原因，这同他反对当时统治阶级贪图享乐、追求奢华的生活方式有关，他认为音乐和五彩是刺激统治阶级的贪欲，使他们丧失人的自然纯朴本性的根源，所以必须反对。既然庄子是反对艺术的，那么，为什么他的思想又会对后世艺术的发展产生如此巨大的影响呢？这是因为，尽管他反对艺术，但是并不否定美，也不是没有美的追求，只不过他对美的追求与当时统治阶级或其他思想家们的不同罢了。因而，他的一些重要的思想观点，他所追求的精神境界，他所提倡的人格修养的方法，以及他在实践中形成的艺术创造方法等等，同人类的艺术创造活动，在道理上是相通的，所以他的思想不仅对后世艺术发展产生了巨大的影响，而且成为中国艺术理论的基础，成为在漫长的历史过程中逐渐形成的中国艺术精神的主体内容。

1. 从哲学思想到艺术精神的转变

最能体现中国艺术精神的艺术部门，是中国的绘画艺术和书法艺术，所以国画与书法被国人称为国粹。下面我们就以绘画和书法为例，来谈谈庄子对中国艺术精神的深刻影响。

在《庄子》中，直接谈论艺术和艺术创作的言论很少，甚至那些很少谈论艺术的言论也不是有意在讨论艺术问题，而是作为论证他的哲学思想的例子而存在的。因而，庄子思想对艺术的影响，主要是通过后世的艺术家和艺术评论家对其精神的体悟而移植到艺术创作领域中来的。正是由于这个原因，庄子思想对中国艺术的影响经历了一个由哲学思想到艺术精神的漫长的转变过程。

庄子思想真正同艺术发生关系是从魏晋时代开始的。它的轨迹大致如下：东汉时期，朝廷实行征辟、察举制度来选拔人才，选拔的主要依据是乡间宗党对人物的舆论。这样一来，在社会上逐渐形成了"清议"之风。清议的主要内容是"经明行修"，就是对儒家经典的熟悉和研究的深浅程度，个人在实践儒家道德伦理原则方面表现的好坏。到了东汉末期，由于统治阶级内部矛盾尖锐，斗争激烈，尤其在两次党锢之祸之后，很多士人为了明哲保身，不敢再"上议执政，下讥卿士"（《后汉纪·孝桓皇帝纪》）了，大都对时事采取缄默态度，过着一种优游闲适的生活。魏晋时期，更是"天下多故，名士少有全者"（《晋书·阮籍传》）。在这种士人的政治热情低落的环境中，不少人竟以酣饮为常，不问世事，把玄学作为他们的精神依托。比如阮籍，"每与之言，言及玄远，而未尝评论时事，臧否人物"（《世说新语·德行》）。这样，东汉后期以评论时事、臧否人物为中心的"清议"，就变成了以谈论玄理、品评"情性"为内容的"清谈"了。与这种世风的转变相应，品评人物的目标由政治上的实用性，转变为超脱世俗的人格上的鉴赏性；品评人物的标准由儒家的道德伦理原则向老庄哲学，特别是庄子哲学的人生境界靠拢。竹林名士出现之后,一些士人便把庄子的人生哲学落实到个人生活方式上加以实践。这样对人物品评的舆论便摆脱了以名教为归依的学行、德业的价值判断模式,而代之以标榜自然的崇尚个人精神安适、内心清虚淡泊的趣味判断了。因此,作为表现人物内在本性之美的"神"便提高到首要的地位,"神姿""神貌""神情""神明""风神""精神"等便成了品评人物的常用词语。一些士人把这种对精神美的追求扩展到艺术创作的领域中,就成了追求"传神"倾向,主张艺术要表现人物的精神。这样就促使了艺术风格的转变,比如绘画,汉代的人物画主要是通过故事来表现主题的意义与价值,而魏晋以后的人物画则主要通过对人物形象的描绘,表现其精神美,从而显示它的意义与价值。这个变化,实是艺术的一大进步,其功劳不能不归之于玄学,主要是庄子思想对艺术创作的介入。

通过人物画虽然可以表现画家的情感与精神,但是它同庄子归依自然、追求个人精神自由与解放,仍有相当大的距离,因此并不能使具有玄学思想情趣的画家得到精神上的完全满足。尤其是那些以具体人物(历史人物或生活的现实人物)作为艺术对象时,这种局限就更为突出。为了克服这种局限,在魏晋时代出现了不少以宗教人物为对象的人物画,这虽然比历史人物画和人物写生画更便于发挥画家的艺术想象力,却容易把人引入宗教意识中去,仍然同追求自由解放的旨趣有距离。因而,在当时士人大都托迹山水、隐逸之风盛行的条件下,绘画艺术开始面向青山绿水是很自然的事。人们发现,山水画在表现人的精神自由上比人物画更胜一筹,于是到了晋、宋之际,山水画便开始受到重视。在此之前,山水总是作为人物画的背景而存在的,这时便变成了画的主题,人物在画面中即使还有,已逐渐退居到次要的地位。而后,由于山水画的技巧逐渐成熟,到了盛唐,山水画便跃居到绘画艺术的主流地位,一直延绵至今。我国山水画作为绘画艺术的一个独立派别,是在庄子思想的影响之下产生、形成和发展的。因此,尽管山水画在其发展过程中曾经出现了不同的宗派并有过争论,但作为山水画基本精神的、脱胎于庄子思想的"天真自然"的风格,始终处在正宗的地位。

由以上所述,我们可知,庄子对中国艺术(主要是绘画)发生影响的大致轨迹是由魏晋时代的介入人物品评,进而影响士人的人格追求,再进一步把这种追求体现于人物画之中,最后扩展到山水画的领域,形成了中国绘画的基本的传统精神。

另外,作为中国传统艺术的一个独特门类的书法艺术,与绘画艺术历来关系密切。因此,书法艺术接受庄子思想的过程,大致上是与绘画艺术同步发展的。书法艺术的自觉时代，也由东汉末年开始，到魏晋而确立。草书的出现在这个进程中起到了特殊的作用。中国的汉字虽然由对事物形象的模仿而产生，但产生之后便一直作为记事的工具使用，并没有体现出明显的艺术创作意识。到了东汉，由于纸张的普遍使用，为书法的普及提供了物质条件，这才使书法成为人们广泛学习、研究、玩赏的艺术具有现实的可能性。东汉章帝时，杜度虽善草书，人称"章草"，誉为"神妙"，其弟子崔瑗、张芝并称"草贤"与"草圣"，但书法作为一门独立的艺术，仍未得到普遍承认。赵壹为此还写了《非草书》，对草书大加攻击，认为它"非圣人之业"（张彦远《法书要录》卷一），但这并不能遏止人们学习书法的潮流。到了魏晋时代，学习书法更成为时尚，如竹林名士都是草书与行书的能手。王羲之夫妻及其诸子玄之、凝之、徽之、操之、献之并善书法，尤以羲之、献之成就最大，并称"二王"，影响极大，后世学者称王羲之为"书圣"。至此书法作为一种独立的艺术门类，其地位已不可动摇。这里需要强调指出的是，书法艺术在魏晋时代确立，并非偶然，这与当时玄学思潮盛行的社会背景有着重要的关系。玄学，特别是庄子思想旨在强调个人人格的自由与解放，而书法，尤其行书与草书变化无穷的体态形势，是最便于表现作家个性特点、使其精神可以自由驰骋的领域。在这一点上，书法与山水画有着最大的共通之处，正如明人唐志契所说："山水原是风流潇洒之事，与写草书行书相同，不是拘挛用工之物。"（《绘事微言》）因而，人们把艺术创作的注意力投向书法，就是顺理成章的事了。这样，书法便从实用为主的领域，真正转移到艺术的天地中来，成为艺术审美的对象。我们可以毫不夸张地说，接受庄子思想的影响，正是书法成为真正艺术的契机。

2. 构成中国艺术精神的几种基本观念

庄子思想博大精深，包罗万象，当然并非其思想体系中的每个元素都对中国艺术的发展产生了影响，换言之，融入中国艺术精神的只是庄子思想体系中能够与艺术发生关系的那一部分思想元素。这个道理是不言而喻的。那么，影响中国艺术发展并形成中国艺术特质的究竟是庄子的哪些思想观念呢？下面我们就来回答这个问题。

第一，崇尚自然美的观念。前面说过，庄子虽然反对艺术，但并不否认美和对美的追求。庄子所反对的是人为的、损伤事物自然本性的雕饰之"美"，而主张体现淳朴天真的自然之美，他认为自然之美是最大的美，追求自然之美是圣人的最高目标。他说：

> 美成在久，恶成不及改，可不慎与？且夫乘物以游心，托不得已以养中，至矣。（美德的养成需要很

长的时间,变坏却快得连悔改都来不及,怎么可以不谨慎呢?心神顺着外物的自然变化而悠游,寄情于不得已而保养自己的自然心性,这是最好的了。《人间世》)

夫得是,至美至乐也;得至美而游乎至乐,谓之至人。(达到了自然之道的境界,就是最美最快乐的了;达到这个最美的境界并且在最快乐中遨游的人,就叫作至人。《田子方》)

朴素而天下莫能与之争美。(《天道》)

澹然无极而众美从之,此天地之道,圣人之德也。(淡然无穷,一切美好的事物都随之而来,这就是天地自然之道,圣人的品德。《刻意》)

天地有大美而不言,四时有明法而不议,万物有成理而不说。圣人者,原天地之美而达万物之理。是故至人无为,大圣不作,观于天地之谓也。(天地有大美却不言语,四时有明显的规律却不议论,万物有自然形成的道理却不讲说。圣人就是要本原于天地的大美而通达万物的道理。所以至人因顺自然,大圣不妄自制作,这就是说他们是效法天地自然的。《知北游》)

所谓"天地",是庄子对"自然"的另一称呼。庄子认为,自然本性是美的，四时自然运行，万物自然产生和成长，大自然的一切是和谐相处，这就是最美的境界。比如，天自然地高远，地自然地广大，山自然地峻高，海自然地渊深，鸟自然地会飞，兽自然地会走，鱼自然地会游，虫自然地会爬，草木自然地会生长，这一切都用不着人的作为和雕饰。相反，人的作为和雕饰只会伤害万物的自然本性，破坏万物的完美，像水鸭的脖子虽然短，人为地加长就会生祸；鹤的脖子虽然长，人为地截短就会死亡；给马套上络头，给牛穿上鼻绳，就会损害它们的本性。所以庄子主张人应当任顺自然，不要用人为来毁灭自然，不要用造作来毁灭性命，"无以人灭天，无以故灭命"（《秋水》)，要"与天（自然）为徒"，恬淡无欲，不妄作为，保养自己的天然本性，并使万物的自然本性不受损伤。这样就可以成为"圣人"，一切美好的东西都随从他，他也能够游心于"至美""至乐"的境界了。所以，庄子说"朴素而天下莫能与之争美"。庄子崇尚自然的思想在许多寓言中都有很好的体现，如《天运》篇中"西施颦美"的故事就是一例：

> 西施得了心痛病，双手捧着心口，皱着眉头，在村里走过。同村有个丑女，看见西施的样子觉得很美，回去也故意捧着心口，皱着眉头，在村里走。村里的富人看见她，便紧紧关上大门不再出来；贫穷的人见

了她，便带上自己的儿女远远躲开。

庄子这种崇尚自然的美学思想，在魏晋玄学思潮中得到很大的发挥和推衍，并进而扩展到文学艺术领域，产生了以谢灵运为开山祖师的山水诗派，以陶渊明为鼻祖的田园诗派，以及晋宋之际开始为世人所推重的山水画派。这些异军突起的新的文学艺术流派，是以"返朴归真""天真自然"为共同特征的。这种倾向，在以后的发展过程中，得到进一步加强，尤其在绘画艺术方面，唐宋以后，山水画便成了主要流派，雄居于中国画坛的盟主地位。而这一引导着中国艺术发展方向的审美理想，其来源正是《庄子》。

魏晋以后的中国艺术，始终是在《庄子》思想影响之下发展的，不管艺术家们是否自觉认识到这一点，但当他们倾心于对自然美的追求，努力从自然中找寻美的源泉和美的感受，并把这种感受用艺术的手段表现出来的时候，就实际上已同《庄子》发生了关系，把自己置于《庄子》的影响之下了。历代艺术家和艺术评论家的言论就充分证明了这一点，比如：

> 夫画道之中，水墨最为上。肇自然之性，成造化之功，或咫尺之图，写千里之景。东西南北，宛尔目前；春夏秋冬，生于笔下。（王维《画学秘诀》）
>
> 外师造化（自然），中得心源。（张璪语，见《历

代名画记》卷十)

世之笃论,谓山水有可行者、有可望者、有可游者、有可居者,画凡至此,皆入善品。(郭思《山水训》)

以本乎自然气韵,以全其生意。(韩拙《论用笔墨格法气韵之病》)

画家以古人为师,已自上乘,进此当以天地为师。(董其昌《画禅室随笔》卷二《画诀》)

今以万物为师,以生机为运。(邹一桂《小山画谱》卷上)

古之善画者,大都以造物(自然)为师。天之所生,即吾之所画,总需一块元气团结而成。(郑板桥《郑板桥全集·画兰竹石》)

至于书法艺术,昧于书道而又缺乏想象力的人,似乎不易看出它与自然美之间的关系。实际上,中国独特的汉字文化在其草创阶段就与自然万物结下了不解之缘。不过,在草书出现之前,它主要是作为实用的工具而存在于人们的社会生活之中,其艺术鉴赏的特质不甚突出。在草书出现以后,它的艺术价值愈来愈引起人们注意,很快成了独立于艺术之林的一个门类。这时,它与自然美的关系更加密切,而不是更加疏远了。自然美的启发,成了它的艺术魅力的源泉。书法艺术家们在这方面有深刻的体会,并给我们留下了许多精辟的论述。

唐代书法家张怀瓘论草书曰：

> 草与真（楷体字）有异，真则字终意亦终，草则行尽势未尽。或烟收雾合，或电激星流。以风骨为体，以变化为用。有类云霞聚散，触遇成形；龙虎威神，飞动增势。岩谷相倾于峻险，山水各务于高深。囊括万殊，裁成一相……是以无为而用，同自然之功；物类其形，得造化之理，皆不知其然也。可以心契，不可以言宣。(《法书要录》卷四《唐张怀瓘书议》)

张氏此论，不仅揭示了书法艺术与自然美的密切关系，想象力在艺术创作中的重要作用，而且他立论的依据显然来自庄子的思想，甚至连语言词汇也是从《庄子》书中移植过来的。仅此一例即可看出庄子关于自然美的观念对书法和书法理论的巨大影响了。

第二，重视精神美的观念。庄子认为，精神是人的本质，形体是精神的载体，精神决定形体的价值，形体与精神分离则毫无意义。《庄子》中有则寓言生动地表现了神重形轻的观点：

> 仲尼曰："丘也尝使于楚矣，适见独子（小猪）食于其死母者。少焉眴若（惊慌的样子），皆弃之而走。不见己焉尔，不得类焉尔（不像活着的样子）。所爱

其母者，非爱其形也，爱使其形者也。"（《德充符》）

所谓"使其形者"即其精神。精神不存在了，母猪的本质就消失了，活猪变成了死猪，二者之间是有本质区别的。这个故事一方面形象地说明"神"是"形"的主宰、本质。但是另一方面，"形"即为"神"的载体，对"神"也不能不产生影响，它不是毫无意义的，不过它的意义与价值只存在于它是"神"的载体的时候。因而，对"形"的作用是不能完全忽视的。《庄子》中另有一则寓言正说明了这个问题：

有个长着癞疮的人，他的妻子半夜里生了个孩子，他心情急切地取来灯火去看孩子，唯恐他像自己一样丑。（《天地》）

癞者的这种心理，是人所共有的。可见追求形式的完美，也是人情之常，因为形体的完美可以增加精神的魅力。因而最高的美应该是精神与形体的和谐统一。但是，在达不到这个最高境界时，应该以精神为重。这才是庄子关于"神形"关系的完整的观点。所以，在《庄子》中塑造了许多畸形人的形象，他们都具有纯洁高尚的道德精神，因而对人们仍有巨大的吸引力，使人不由自主地对他们产生倾慕之情。究其原因，正如作者所说："畸人者，畸于人而侔于天。"（《大宗师》）意思是说，这些畸形人虽然在形体上与世俗的人不同,但他们在道德精神上却和自然之道相同。这是一种"全德之人"(《德充符》),"全德之人"的力量远在一般"全形之人"之上,因而国君愿意把国家托付给他,男子汉不愿离开他,妇女宁可做他的妾,不愿做别人的妻。这正是"爱使其形者也"。

庄子的这种强烈的重"神"意识,影响到艺术创作,就产生了"传神"说。魏晋时代,"传神"说是艺术自觉的标志,魏晋以后,便成了中国艺术精神的重要内容。《世说新语》载有大画家顾恺之的一则趣事,可以说是对"传神"说的精彩描述:

> 顾长康(顾恺之的字)画人,或数年不点目精。人问其故,顾曰:"四体妍蚩,本无关于妙处。传神写照,正在阿堵(指眼睛)中。"(《巧艺》)

顾恺之的"轻形重神"观念,显然来自《庄子》。所谓"传神写照",其精髓在于艺术家对人物本质特点的深刻理解与正确把握。"传神"说进一步发展,便产生了"气韵生动"说。南齐画家谢赫在其著《古画品录》中首倡绘画之"六法",影响深远。"六法者何?一气韵,生动是也;二骨法,用笔是也;三应物,象形是也;四随类,赋彩是也;五经营,位置是也;六传移,模写是也。"谢赫的"六法"可以说是对以前各代绘画经验与理论的总结,他把"气韵生动"放在"六法"的首位,作为对绘画艺术总的要求,视为绘画艺术的最高境界,是很有见地的。所谓"气韵生动",实是"传神"的更明确具体的表述,正如元代杨维桢所说:"传神者,气韵生动是也。"(《图绘宝鉴序》)由于"传神""气韵生动"说准确地揭示了绘画艺术的基本特征,抓住了绘画艺术的核心问题,所以它才在以后的千余年中得到人们的共同认可。如宋代邓椿在《画继》中说:"画之为用大矣。盈天地之间者万物,悉皆含毫运思,曲尽其态。而所以能曲尽者,止一法耳,一者何也?曰传神而已……故画法以气韵生动为第一。"由于诗、画相通,所以文人在论诗时也常借用"传神"说,如欧阳修在论梅尧臣诗时写道:"古画画意不画形,梅诗咏物无隐情,忘形得意知者寡,不若见诗如见画。"(《欧阳文忠公文集》卷六《盘车图》)苏轼又云:"论画以形似,见与儿童邻;赋诗必此诗,定非知诗人。诗画本一律,天工与清新;边鸾雀写生,赵昌花传神。"(《苏东坡集》前集卷一六《书鄢陵王主簿所画折枝二首》之一)明代董其昌亦云:"读万卷书,行万里路,胸中脱去尘浊,自然丘壑内营,成立鄞鄂(自然景物在心中形成形象),随手写出,皆为山水传神矣。"(《容台别集》卷四《画旨》)可见,"传神"正是中国艺术的传统精神。在这种精神的熏陶之下,晚唐以后出现了水墨画派,绘画不着五彩,专注精神。因为专注五彩会影响画家对精神的把握,如晚唐时代的画论家张彦远就说过:"夫阴阳陶蒸,万象错布,玄化亡言,神工独运。草木敷荣,不待丹碌之采;云雪飘飏,不待铅粉而白。山不待空青而翠,凤不待五色而綷。是故运墨而五色具,谓之得意。意在五色,则物象乖矣。"(《历代名画记》卷二《论画体工用拓写》)绘画由五彩走向水墨,正是在庄子重神、贵素返朴思想日益为艺术家所推崇的背景下产生的。其影响所及,使五彩画也走上了淡彩之路,不再像以往那样重视重彩浓色了,于是水墨与淡彩便成了嗣后中国绘画艺术的传统,在绘画领域中占据了主导地位。当然,强调传神,突出气韵生动,并不等于不要形与神的统一,因为"传神者必以形"(《容台别集》卷四《画旨》)。相反,只有形神统一、神形兼备者方为上品,此理自在不言之中。至于书法艺术,亦当如此,正像南齐书法家王僧虔所说:"书之妙道,神彩为上,形质次之,兼之者方可绍于古人。"(《书苑菁华》卷十八《笔意赞》)

由上述可知,艺术中的贵"神"观念,是同庄子的重"神"思想一脉相承的。

第三,庄子的艺术创作论。前面说过,庄子不仅是伟大的哲学家,又是伟大的文学家。我们虽然不知道他是否会画,但知道他对音乐、雕刻的了解是非常深刻的,至少不是外行人。他对艺术创作的某些规律有过精辟的论说,尽管这些论说的宗旨是在阐明体悟大道的途径,而不是讲述艺术创作的方法,但却对人们认识艺术创作的规律是有很大的启迪作用的。因而在魏晋之后,随着人们对《庄子》认识的加深,《庄子》便成了中国艺术创作理论的一个重要来源。

在前面谈到《庄子》的文学特点时,我们介绍过"梓庆为鐻"的故事。这个故事比较完整地体现了庄子关于艺术创造的思想,主要包含以下几点内容。一、在创作之前,"必斋以静心",排除庆禄爵赏等一切杂念,使精神专一,甚至"忘吾有四枝(通'肢')形体"。这实际讲的是创作主体的精神陶养工夫,目的是使自己达到"心斋""坐忘"的精神境界,也就是体悟大道的精神境界,然后才能全身心地进入创作状态。二、"入山林,观天性。"这是讲创作主体必须亲身观察创作对象,深刻了解它的自然属性与特征。三、"形躯至矣,然后成见鐻。"这是讲创作主体在正确了解客体特性的基础上,依据它的特点,发挥主观想象力,在心中形成鐻的完整形象,作为创作的蓝图。四、"然后加手焉,不然则已。"这是讲在此前的一切准备都完成之后,才能进入具体的艺术创造的操作过程,否则就不去进行创作。最后总结说,这种艺术创造就是"以天合天"的过程,即是主客观统一的过程。庄子在这里特别强调"斋以静心"。所谓"静心"就是纯一不杂,恬淡虚无。这既是养心之道,也是艺术家应有的性格。庄子还强调精神专一，在"佝偻承蜩"的故事中说："用志不分，乃凝于神。"(《达生》)因为只有这样，艺术家才能够全身心地进入创作状态，像庖丁解牛那样"官知止而神欲行"(《养生主》)，这正是艺术创作的最佳状态。庄子还强调"观天性"，因为只有这样才能正确把握对象的本质特点，做到"以天合天"，即依据对象的自然特性，创造出完美的艺术作品，实现主客观的融合与统一。在"庖丁解牛"故事中，把这种创作过程又叫作"依乎天理""因其固然"。这正是梓庆能够雕刻出"惊犹鬼神"的鐻的真正原因。

庄子关于艺术创作的这些观点，在魏晋以后的艺术家和艺术评论家那里得到了最好的继承和最充分的发挥，形成了中国传统的艺术创作论。如《文心雕龙·神思》说："是以陶钧文思，贵在虚静，疏瀹五藏（通'脏'），澡雪精神。"又如张彦远评吴道子云：

> 国朝吴道玄（字道子，一说原名道子）古今独步……守其神，专其一，合造化之功，假吴生之笔，向所谓意存笔先，画尽意在也……守其神，专其一，是真画也。(《历代名画记》卷二《论顾陆张吴用笔》)

他在评顾恺之时又说：

> 凝神遐想，妙悟自然。物我两忘，离形去智。身

固可使如槁木,心固可使如死灰,不亦臻于妙理哉!所谓画之道也。(《历代名画记》卷二《论画体工用拓写》)

宋人郭思在《林泉高致·画意》中也说:

> 世人只知吾落笔作画,都不知画非易事。庄子说画史解衣磅礴,此真得画家之法……然不因静居燕坐,明窗净几,一炷炉香,万虑消沉,则佳句好意,亦看不出;幽情美趣,亦想不成;即画之生意,亦岂易有。及乎境界已熟,心手已应,方始纵横中度,左右逢原。

郭思这里引《庄子·田子方》中"解衣盘礴"的故事,来说明"画家之法"。所谓"解衣盘礴",意思就是解开衣服,盘腿而坐,是对"心斋""坐忘"状态的具体描写,与郭思所说的"静居燕坐""万虑消沉"的意思相同,都是在强调画家在创作之前必须"斋以静心"。

此类言论,在古代画论中不胜枚举。他们对书画创作的论述在思想精神上都是同《庄子》有着密切关系的。

当然,庄子思想对中国艺术的影响远不止这些。但仅从以上所举实例看,我们说庄子思想是中国传统艺术精神的理论基础,似乎是不过分的。

七 《庄子》与中国文学

《庄子》是一部思想高深、见解独到的哲学著作,同时也是一部风格奇特、艺术高超、脍炙人口的文学著作。《庄子》散文构思巧妙,想象丰富奇特,夸张大胆生动,比喻鲜活形象;《庄子》散文善用寓言说理,运笔汪洋恣肆,境界瑰丽谲奇;《庄子》散文语言寓庄于谐,情趣横生,嬉笑怒骂,皆成文章;《庄子》散文辞藻华美,音韵谐畅,充满诗的情调和乐的旋律;《庄子》散文"吐峥嵘之高论,开浩荡之奇言"(李白《大鹏赋》),被誉为先秦诸子的"百家之冠"(郭象《庄子注序》),是我国文学史上古今罕见的具有浓郁浪漫主义色彩的散文巨著。

自《庄子》问世以来,得到了历代文人骚客的赞叹和欣赏,它取得的高超的艺术成就,在中国文学史上产生了深远而广泛的影响。中国古代文学史上的著名诗人文学家如贾谊、张衡、赵壹、曹植、阮籍、嵇康、陶渊明、李白、李贺、白居易、李商隐、苏轼、黄庭坚、辛弃疾、关汉卿、吴承恩、吴敬梓、曹雪芹、蒲松龄，乃至中国现代文学史上的鲁迅、郭沫若、闻一多、朱自清、林语堂、沈从文、周作人、梁实秋、徐志摩、宗白华等，都无不从《庄子》中汲取营养,受到了深刻的启示和影响。他们或继承《庄子》那强烈的批判精神，或专心于《庄子》那心与物冥、物我合一的艺术灵境，或吸取其浪漫主义的创作方法，或借鉴它那独特的语言风格，创作了一部部一篇篇感人至深、艺术妙绝的诗文乐章，丰富了中国文学的宝库。

《庄子》不但在思想和艺术上影响和滋养了中国古代作家的文学创作，而且在文学题材或体裁的拓展和多样化上也作出了重要的贡献。中国古代的游仙诗、玄言诗、山水田园诗、志怪传奇性质的散文小说，有的直接导源于《庄子》，有的则明显地受到《庄子》的哺育和催发。

《庄子》一书对后世文学创作的影响是多方面的，远非这本小册子所能讲述清楚,这里拟从《庄子》的批判精神、浪漫主义艺术风格及其对我国古代文体的发展等几个方面所产生的影响，作一粗略的勾勒和描述。

1.《庄子》的批判精神与后世文学创作

《庄子》散文产生在社会政治极其动荡的战国中后期。

在《庄子》的作者看来，那是一个政治惨烈、私欲横流、损己伤性、"真风告逝，大伪斯兴"（陶渊明《感士不遇赋序》）的时代。现实的沉浊使他们愤懑填膺，而人生的维艰与无常又使他们倍感压抑和沉闷。他们对社会一切都深恶痛绝，但又无力去改变这污秽的现实。转型期的社会机制铸就了他们矛盾的内在心态。一方面，他们深感社会的危机和精神的重压，并把其归结为儒家仁义礼乐的价值观念对人性的桎梏，所以，他们猛烈地抨击自身生存的现实环境以及维系这一现实秩序的思想观念，即儒家的仁、义、礼、乐。而另一方面，他们又渴求个性的自由和精神的解放，希望在对现实的超越中求得一种精神的快乐和逍遥，反映在精神追求上就是他们对所谓的淳朴无争、适性自乐的远古至德之世的向往。这必然使《庄子》散文在思想倾向上表现出强烈的批判精神和浓郁的复古意识。《庄子》中的《胠箧》《骈拇》《马蹄》《盗跖》等篇都鲜明地体现了这一思想特征。

不过，需要指出的是，此处讲《庄子》散文具有浓烈的批判精神，并不是说其他各家的文章没有这种特色。强烈的批判精神是先秦诸子散文一个很重要的思想内容和价值取向。儒家的《孟子》《荀子》，墨家的《墨子》，法家的《韩非子》等都具有强烈的现实批判意识。只是以老庄为代表的道家同其他各家相比，它对现实批判的角度不同罢了。如儒家对现实的批判也是很强烈的。但一般来讲，儒家主要是对社会的丑恶现象和政治腐败的具体表现进行揭露，至于对封建社会的本质即以血缘宗法为基础、以礼乐名教为价值观念而建立起来的制度本身则是拥护的。其批判现实的目的也在于维护这个社会制度的本身，使其更有效地协调发展。因此可以说儒家对现实的批判是补救式的批判，或者说是站在对现实社会建设性的角度来批判现实的。而老庄道家却同儒家完全不同。它不但抨击社会的丑恶现象和政治的危机，而且更深刻地批判了社会的本质。道家是以"天道自然"的观点来审视整个宇宙、社会和人生的，它不是用补救的眼光看世界，而是以宇宙本体的特征来参悟社会和人生。因此，凡是违背自然法则的，无论是现象还是本质，道家都持否定的态度。所以，可以说《庄子》对社会的批判是全面而彻底的，是一种真正否定性的批判，或者说，《庄子》的批判不但否定现实，同时也否定所有形成现实的社会文化根源。另外，从批判的最终归宿来看，道家的批判也同其他各家不一样。其他各家对现实的批判目的在于建立一种合乎自己观念的社会政治秩序，最高境界落实在政治上。而《庄子》的批判核心在于摧毁社会强加在人性上的制约束缚，求得一种不为外物所累，不为名利所牵，不为生死祸福所羁绊，与天为一的个性自由，精神逍遥的生活，是一种深沉的人生哲学。这样看来，《庄子》的批判是为了超越，而浓烈的复古意识则是为超越寻求质实可感的归宿的一种方式。这是《庄子》的批判精神区别于其他各家的基本特征。尽管《庄子》的这种批判精神带有浓厚的消极因素，但在以儒家名教为立国之基，倡导"克己复礼""存天理，灭人欲"的中国皇权专制社会制度下，它无异于一支浓烈的清醒剂，给那压抑个性、窒息人性的社会机制注入了一点活力，让人们从中看到了我国古代文化崇尚天真自然和对人生自由精神深切关注的这一方面。就此来讲，《庄子》的这种批判精神又具有一定的积极意义。这也许是后世历代文人之所以钟爱《庄子》的一个很重要的原因吧。

《庄子》强烈的批判精神对中国古典文学创作的影响是极其深远而复杂的。从社会发展的历史阶段来看，受《庄子》的批判精神影响深刻的作品，大多出现在社会长期动荡、政治极端黑暗、民不聊生、朝不保夕的历史动荡时期或是社会文化的重大转型时期。东汉末年至魏晋时期和近古的明代中晚期都属于这种类型。从个性心理的角度而论，批判精神表现突出的作家也多是受《庄子》影响深刻的作家，他们提倡平淡清真的生活，崇尚个性自由，但又仕途坎坷，理想不能实现，深感个性压抑。唐代伟大的浪漫主义诗人李白就是这方面突出的代表。总之，《庄子》的批判精神对中国文学创作的影响是极其深刻而复杂的。

下面我们简单择要地谈一下它在文学方面的具体表现。

汉末魏晋时期是我国历史上一次重大的社会思想文化的转型时期。政治上由大一统而走向分裂，学术上儒学的衰微和玄学的大盛，是此时期社会思想文化变化的最显著的特征。由于东汉末年政治的腐败，在整个社会的士人群体中形成了一股强烈的社会批判思潮。王充、王符、仲长统等都是当时著名的思想家。他们对社会的批判意识自然也会反映在当时的文学创作中。因此，东汉末年的许多作家创作出了大量的具有鲜明的批判精神的作品。在这方面东汉的赵壹是著名的代表。他针对东汉末年主荒政谬，外戚宦官专擅朝政，正直之士仕进无路的现实，写下了著名的《刺世疾邪赋》。在这篇"刺世"赋中，他从历史自然的角度，指出社会的兴亡败坏乃是自然之理，并从现实与历史的反思中，归纳出统治者的本质是"宁计生民之命，唯利己而自足"。他有力地抨击了东汉政治"佞谄日炽"、"情伪万方"的现实，深刻指出"原斯瘼之攸兴，实执政之匪贤"，把批判的矛头直指最高统治者。不但如此，他在赋中还指出"德政不能救世溷乱，赏罚岂足惩时清浊？春秋时祸败之始，战国愈复增其荼毒。秦汉无以相逾越，乃更加其怨酷"。"德政"即是指儒家的礼乐教化。从这里可以看出，赵壹对整个春秋战国以来的社会历史都是否定的。这篇赋产生在儒学衰微、玄学将生的东汉末年，自然免不了还有浓厚的儒学思想色彩，但它受《庄子》的影响则是很明显的。整篇赋作感情激越,词锋犀利,批判强烈,讽刺性强,从各方面来看,都深得《庄子》批判精神的精髓。

魏晋时期,玄学大畅,《庄子》在广大士人中迅速传播流行。尽管《庄子》在当时是被名士作为玄谈的对象和清谈的资料,但不可否认,它那强烈的批判精神也会对文人产生影响,并体现在他们的文学创作中。阮籍的《大人先生传》《达庄论》,嵇康的《与山巨源绝交书》《释私论》《管蔡论》,鲁褒的《钱神论》等都是既具有浓厚的文学意味,又充满大胆的反抗思想和批判精神的重要的散文名著。嵇康曾明确表示要以老庄为师,"非汤武而薄周孔","越名教而任自然"。他的诗文对儒家的名教和当时黑暗虚伪的政治进行了辛辣的讽刺和淋漓尽致的揭露与批判,表现了他那龙性难驯的叛逆个性,塑造了一个刚肠疾恶、孤愤傲世、追求个性自由的士人形象。"抗心希古,任其所尚。讬好老庄,贱物贵身。志在守朴,养素全真"(《幽愤诗》),"目送归鸿,手挥五弦。俯仰自得,游心太玄"(《赠兄秀才公穆入军诗》),"荣名秽人身,高位多灾患。未若捐外累,肆志养浩然"(《与阮德如诗》)。嵇康的诗文处处体现了《庄子》弃世逍遥、不与统治者为伍的精神气质和对现实进行否定的冷峻的批判精神。阮籍也同样如此。他不但对"礼法之士"进行了讥讽和嘲笑,而且明确提出"无君而庶物定,无臣而万事理"的无君论思想,认为"君立而虐兴,臣设而贼生"，儒家的"礼法"，不过是"天下残贼、乱危、死亡之术耳"（以上并见《大人先生传》）。阮籍的这些观点显然是继承了《庄子·马蹄》等篇中的思想而加以发挥的。正如有些研究者所指出的，在漫长的皇权专制社会中，意识形态的主流始终是压抑个性的，无君派强调人性之自然，有个性解放的意义，它无异于暗夜中的一道亮光，寂静中的一声呐喊。（刘笑敢《庄子哲学及其演变》）尽管嵇康、阮籍由于时代局限而不可能更深刻地揭露皇权专制社会的本质，但他们从《庄子》的批判现实的角度来抨击自己生存的污浊社会，这是有进步意义的，对后世文人有很大的影响。

东晋著名诗人陶渊明被誉为"古今隐逸诗人之宗"。陶渊明的诗歌创作以描写田园生活、田园风光、田园感受为旨归，诗风平淡自然，意味隽永深厚，开创了我国古代田园诗的先河。陶渊明虽然对现实的批判没有嵇康等人那样强烈，但他的诗文创作中批判精神还是显而易见的。陶渊明深受老庄道家思想的影响，他崇尚"质性自然"的生活。在东晋那个"乱也看惯了，篡也看惯了"（鲁迅语）的时代，陶渊明不可能没有自己的看法。在《感士不遇赋序》中，他斥责那个时代"真风告逝，大伪斯兴"；在《归去来兮辞》中，他又明确表示"请息交以绝游，世与我而相违，复驾言兮焉求"，不愿与统治者同流合污。在著名的《桃花源记》中,他描绘了一个没有压迫,没有欺诈和剥削,人人平等自乐的理想社会,强调这里的人们"春蚕收长丝,秋收靡王税","不知有汉,无论魏晋"。可以看出,陶渊明虽没有直接去抨击那个社会,但他却通过对自我理想社会的描绘而否定了那个现实的社会。抨击揭露是批判,否定也是批判,而且在一定意义上说否定是更彻底的批判。陶渊明如此看待自己生存的生活现实,以理想的"桃花源"来否定现实社会政治,批判的矛头直指"大伪斯兴"的晋宋易代之际,当然同他"少无适俗韵"的政治态度有密切关系,但从思想渊源看,道家和《庄子》对他的深刻影响也是不可忽视的重要原因。

　　盛唐伟大的浪漫主义诗人李白的诗歌创作也是极富有批判精神的。李白深受道家道教尤其是《庄子》思想的影响,崇尚"清真"自由的生活。他的诗善于通过丰富的想象、夸张的手法、自由奔泻的感情来抒发自己对现实的不满和反抗,揭示现实政治对个性自由的压抑。李白现存诗有近千首,对黑暗政治的批判和揭露,对封建权贵和名利富贵的蔑视,对自由个性的追求和向往,是李白诗歌经常表现的主题。《古风五十九首》《书怀赠南陵常赞府》《答王十二寒夜独酌有怀》《梁园吟》《行路难》《忆旧游寄谯郡元参军》《梦游天姥吟留别》《将进酒》《宣州谢朓楼饯别校书叔云》等都是李白在这方面的著名诗作。读李白的诗，我们仿佛可触摸到诗人那颗狂放不羁、独愁孤愤的心灵，随诗人的情感的跳荡奔腾上下。李白对现实的批判不在于他揭露了那个现实的多少丑恶黑暗，也不在于他对现实社会有什么真实的反映，主要在于诗人通过这些诗作宣泄了自己愁思无极的感情，让人认识到皇权专制社会对人的自由个性和天性的压抑与扼杀，在一定程度上揭露了那个时代乃至整个皇权制度本身摧残人的自由个性的罪恶本质。从这个角度来讲，李白的诗所抒发的喜、怒、哀、乐已远远地超出了他个人的情感范围，而具有深刻的社会性和文化意义。他对现实的不满和反抗也不仅仅限于自己本身，从一定意义上看，是整个皇权时代热恋生命和人生价值的一代知识分子，对社会压抑个性的罪恶的抗争，对皇权社会虚伪的名教摧残和扼杀人性自由的最深刻的批判。李白诗中所表现的这种强烈的批判精神，是人的自由个性受到压抑的必然结果，这种精神，正是对老庄道家批判精神的继承和发展。

宋元以后，由于理学对人的思想的禁锢和对人的精神自由的压抑，在当时的文学创作中，对理学思想乃至整个社会的批判和揭露，也表现得非常突出。尤其是到了明代中后期，伴随商业经济资本的萌芽，人们越来越感到"存天理，灭人欲"的理学思想是残害人性人情的罪恶渊薮，所以，许多作家打出了反理学的旗帜，倡导性灵，歌颂"童心",主张情乃是人性的合理正当需要,并对那窒息人性人情的伦理道德观念进行了猛烈的抨击和批判。这种精神,不但反映在袁宏道、李贽等人的诗文创作中,在当时新兴的戏剧和小说中也有鲜明的体现。明代杰出戏剧家汤显祖的《牡丹亭》,我国文学史上最伟大的小说曹雪芹的《红楼梦》等,都是这方面的经典代表。

《牡丹亭》塑造了一个"一生儿爱好是天然"的名门闺秀杜丽娘的形象。她是南安太守杜宝的独生女儿。杜宝为了让她知书达礼,把她培养成一个符合礼教规范的女性,给她请了一个老迈迂腐的廪生陈最良作私塾先生,教她学习《诗经》。然而,久居深闺的杜丽娘,不但没有为陈最良讲解的《关雎》的"后妃之德"所教化,相反,由此而勾起了她的春心。后又由于丫环春香的怂恿去游花园,更使她春情萌动。于是她走出了深深地禁锢她思想的牢笼,开始憧憬自己美好的生活。现实中求不得的爱情便在梦境中出现了。后来因追寻不到自己梦中的情人,杜丽娘忧疾而死。杜丽娘虽然死了,但她对爱的追求和对自由生活的向往却并未泯灭。她的鬼魂开始继续追寻自己梦中的情人,并开始同自己的情人柳梦梅相亲相爱,幽约欢会。最后终于在爱的感召下起死回生,与柳梦梅结合,实现了她梦中的夙愿。

《牡丹亭》是我国戏曲史上一出浪漫主义的杰作。它通过杜丽娘与柳梦梅生生死死的爱情故事，歌颂了对自由爱情和人性解放的追求，揭露批判了传统礼教吃人的本质和扭曲人性的理学思想的罪恶。杜丽娘的"梦"是她追求自由爱情和人性解放的象征。她的死是礼教与理学思想摧残的罪恶结果。作品正是通过对杜丽娘不能求得爱情和自由郁闷而死，死而自由追求爱情又得生还的离奇的描写，象征"情"与"理"的激烈矛盾冲突，批判了"理"对人性的压抑与摧残。

汤显祖在《牡丹亭记题词》里曾这样写道："天下女子有情，宁有如杜丽娘者乎！梦其人即病，病即弥连，至手画形容，传于世而后死。死三年矣，复能溟莫中求得其所梦者而生。如丽娘者，乃可谓之有情人耳。情不知所起，一往而深。生者可以死，死可以生。生而不可与死，死而不可复生者，皆非情之至也。梦中之情，何必非真？天下岂少梦中之人耶！"在汤显祖看来，杜丽娘的"情"乃是人性自然的表现，梦中之情亦是"真"情。这种对自然天性之情的肯定和歌颂，正是受到《庄子》"贵真"思想的影响。汤显祖亦正是从《庄子》天然贵真的角度来抨击和批判理学思想毁灭人性人情的罪恶本质的。

曹雪芹的《红楼梦》也是一部深受《庄子》影响且具有深刻批判精神的伟大作品。且不说它那"满纸荒唐言"的总体结构框架和梦幻仙境的离奇表现同《庄子》有许多相近相似的方面，就是在思想上也深受《庄子》的影响。尽管《红楼梦》的主题目前还有争论，众说纷纭，莫衷一是，但《红楼梦》所表现出的深刻而彻底的批判现实的精神则是人所共识的。《红楼梦》主要描写了贵族青年贾宝玉、林黛玉、薛宝钗三人之间恋爱婚姻的悲剧故事。但作者并没有把它写成一般的才子佳人式的小说，而是把这一爱情悲剧放在广阔的社会背景里来展现，在描述悲剧的同时，揭示了造成这一悲剧的深刻的社会本质。整部《红楼梦》以贾府为中心，以宝、黛、钗的爱情纠葛和贾府的盛兴衰亡为线索，以宝、黛相亲而不能相合，相爱而不得相终和贾府的衰败为结局，对传统礼教观念、科举功名观念、奴婢制度、婚姻制度等进行了无情的鞭挞和批判，全面深刻地揭示了导致宝、黛爱情悲剧命运的社会家庭根源。

《红楼梦》的作者曹雪芹是深受《庄子》思想影响的。在第六十三回中，他借妙玉之口称赞《庄子》，说"文是庄子的好"。脂砚斋批《红楼梦》更是明确指出"阅其笔，则是《庄子》《离骚》之亚"。如果看看《红楼梦》中的《好了歌》《葬花吟》《芙蓉女儿诔》等画龙点睛的诗文的韵语，再仔细体味曹雪芹笔下的几个重要的人物形象如贾宝玉、林黛玉、妙玉等，可以说庄学精神在《红楼梦》中占有很突出的地位。许并生《对曹雪芹哲学思想的再认识》一文曾评论说："曹雪芹对于庄子是崇尚的，据统计，曹雪芹在《红楼梦》里引用《庄子》共六篇，继承了庄子的反异化思想。如第三十二回、三十六回宝玉对金钱、功名、利禄的蔑视，第七回、四十七回对精神自由的追求，第七回焦大语，六十六回柳湘莲语，与庄子反对异化，追求人格独立和精神自由是一致的，或者说是一脉相承的。我们细读《红楼梦》二十一回、三十四回宝玉语，犹如读庄子的《逍遥游》《齐物论》。由此，我们说庄子反异化，追求理想人格和人生境界构成了曹雪芹思想的一个重要方面。"(《红楼梦学刊》1988年第4期)此外，在第二十二回、三十七回中也有贾宝玉、林黛玉用庄子语表现情感的描写。当然，曹雪芹的《红楼梦》中所蕴含的思想是很复杂的，既有儒家思想，也有佛教思想，但不可否认，《红楼梦》中的强烈的批判精神同庄子的影响是密不可分的。有学者曾指出，《红楼梦》"是一部对封建时代的生活深恶痛绝和愤怒抗议的书，是一部对封建社会予以全面批判的现实主义杰作。那个社会里的一切，无论是典章制度、道德法律、文化教育、宗教寺院、思想观念以至风俗习惯等等，曹雪芹都在《红楼梦》中作了广泛而深刻的接触，并且以一个伟大作家的特有的艺术力量作出现实主义的批判。在中国文学史上，还很少有几部作品能够像《红楼梦》这样气魄宏大地从整个社会的结构上揭露出封建制度的全部腐朽"(中国社会科学院文学研究所编《中国文学史》)。《红楼梦》所表现出的强烈的批判精神,固然有多方面的思想来源,也同作者的身世、家世及其所生活的时代、文化背景有密切关系,而《庄子》的影响也是一个不可否定的事实。从这个意义上讲,《红楼梦》真不愧"《庄子》《离骚》之亚也"。

总之,《庄子》深邃的思想内容对中国文学创作的影响是深刻的,远不止批判精神这一个方面,但仅从我们粗略的勾勒中就可看出,单是《庄子》的批判精神对中国文学的影响也已够深刻的了。郭沫若说中国文学的半部发展史是由《庄子》支撑起来的,表面看这话似乎有点过分溢美之意,但究其实质也不是没有一点道理的。

2. 庄、屈浪漫主义特色比较

如果从文学的角度看《庄子》,它对中国文学创作影响最深刻最丰富的应当说还是它那奇特的艺术风格和由它开创的浪漫主义的文学传统。

提到浪漫主义文学,除《庄子》外,人们自然还会想到我国古代的神话,以及与庄子同时而稍后的我国伟大的爱国主义诗人屈原的楚辞创作。无论是古代的神话,还是庄子的散文、屈原的诗歌,都对我国古代浪漫主义文学的创作作出了杰出的贡献。因此,在谈《庄子》的浪漫主义色彩与奇特的艺术风格对中国文学创作影响之前,有必要先对它们作一些介绍。

我国古代神话是很丰富的，同时也是很零乱的。同西方相比，我国没有像古希腊神话那样完整而庞大的神话体系著作，但这并不是说我国古代神话就没有自己的特色。我国古代神话也像马克思所评价的古代希腊神话那样具有永久的艺术魅力。中国古代神话主要保存在《山海经》《淮南子》《庄子》《离骚》等诗文典籍中，《精卫填海》《女娲补天》《夸父追日》《黄帝战蚩尤》《共工怒触不周山》《鲧禹治水》等都是我国古代神话传说中脍炙人口的典范之作。神话是原始先民"用想象和借助想象以征服自然力，支配自然力，把自然力加以形象化"，是"一种不自觉的艺术方式加工过的自然和社会形式本身"（马克思《〈政治经济学批判〉导言》，《马克思恩格斯选集》第2卷，第711页）。也就是说，神话是人类童年时期，对自然与社会及各种关系自身生存的异己力量的曲折的反映。因为它反映了原始先民最古的艺术灵性，所以，有些学者曾指出，每一民族的神话都是这一民族千百年来艺术创作的基本意象，也就是原型。神话由于是"用想象和借助想象"，甚至是"幻想"的"不自觉的艺术方式"创造出来的，因此，神话大多是富有浪漫主义色彩的。神话作为一个民族最初的艺术表现形式，它直接开创了后世本民族浪漫主义文学的先河，是浪漫主义文学的最早形态，也是最古的渊源。屈原的诗和庄子的散文都明显地受到了神话的影响，它们的浪漫主义色彩同神话的浪漫主义精神是密不可分的，甚至可以说是上古神话浪漫主义精神哺育的结果。

庄子和屈原基本上是同一时期的人，他们的创作也同以浪漫主义精神泽被后世。中国文学史上曾有"庄骚"并称的说法，这与庄子和屈原都明显地受到楚文化的影响有关。楚人"信巫鬼，重淫祀"（《汉书·地理志》），具有浓郁的浪漫气质。王国维曾说："南人想象力之伟大丰富，胜于北人远甚。彼等巧于比类，而善于滑稽，故言大则有若北溟之鱼，语小则有若蜗角之国，语久则大椿冥灵，语短则蟪蛄朝菌，至于襄城之野，七圣皆迷，汾水之阳，四子独往，此种想象，决不能于北方文学中发见之。"（《屈子之文学精神》）刘师培在《南北文学不同论》中也认为楚文化"寓实于虚，肆以荒唐谲怪之词，渊乎其有思，茫乎其不可测矣"。在这种文化氛围中进行创作，自然要带上浓郁的地方特色，无论是庄子的散文还是屈原的诗歌都同这种文化精神有关，因此，他们的创作在浪漫主义色彩上自然也就有异曲同工之妙。清人陈子龙在《谭子庄骚二学序》中就说过："二子（指屈原与庄子）所著之书，用心恢奇，逞辞荒诞，其宕逸变幻，亦有相类。"鲁迅也说："战国之世，言道术既有庄周之蔑诗礼，贵虚无，尤以文辞，陵轹诸子。在韵言则有屈原起于楚，被谗放逐，乃作《离骚》。逸响伟辞，卓绝一世。"（《汉文学史纲要》）

也是把庄子与屈原并称的。

但庄子的浪漫主义和屈原的浪漫主义又是有很大差异的。清代龚自珍在《最录李白集》中就说："庄、屈实二，不可以并。"意思是说他们代表的是两个相互渗透又相互区别的不同的浪漫主义系统。有人曾说庄子的浪漫主义是消极的浪漫主义，屈原的浪漫主义是积极的浪漫主义。实际上并非如此简单。庄子的浪漫主义中亦有积极的因素，而屈原的浪漫主义中也有消极的成分。这是一种极为复杂的艺术现象，不可简单而论。

相对而言，屈原的浪漫主义表现出的是明显的积极入世的倾向，当然也有超世的消极情绪，而庄子的浪漫主义更多的则是充满超世厌世的情绪，但也有热恋生命追求自由的积极因素。从表现手法来看，屈原多采用比兴夸张手法，而且比中有比，形成自己的一套独特的比兴象征系统。庄子虽也采用比喻和夸张之笔，但同屈原相比，他突出的是用寓言，用拟人的手法。在他那里山川草木、动物髑髅都具有人情味，是人格化的东西。另外，屈原诗歌语言瑰奇华丽，具有一种雍容华贵的气象，而庄子的语言则恢奇幽默，充满荒诞。也就是说庄子采用的是"不可与庄语"的"谬悠之说，荒唐之言，无端崖之辞"（《庄子·天下》）的独有的语言。屈原浪漫主义精神中所表现出来的奋烈的爱国激情，和为了理想即"美政""虽九死其犹未悔"，以及为了理想"路漫漫其修远兮,吾将上下而求索"的精神,在《庄子》中我们是很难看到的。而《庄子》中那虚无缥缈、逍遥无为的灵性与辛辣嘲讽、嬉笑怒骂皆成文章的语言风格,在屈原的作品中也是很少见的。所以,尽管庄子和屈原的浪漫主义有许多不同的艺术表现形态,但他们都不失为我国浪漫主义的文学大师,他们开创的浪漫主义文学传统为丰富我国的文学艺术宝库作出了重要的贡献,对后世文学创作也产生了深远的影响。

3.《庄子》浪漫主义风格与后世文学创作

在中国文学史上,表现出浓郁的浪漫主义色彩的作家作品是不胜枚举的。关于中国浪漫主义文学这一独特的文学创作现象,以及其历史流变和特征,这本小册子不可能进行全方位的扫描,这里主要以魏晋文学以及李白、苏轼的创作为例,进行粗略的介绍。

魏晋时期是庄学大盛的时期,也是庄学艺术精神在我国文学史上较早产生重大影响的时期。当时许多文人的创作都表现出浓烈的老庄道家色彩,而且在艺术形式的表现上也同《庄子》有一定的渊源关系。可以说,庄学艺术精神的影响在此时期的文学创作中是全方位、多层次的。

曹植是魏晋时期开风气之先的重要诗人,有"建安之杰"之称。如果从曹植现存诗文的总的创作倾向来看,他无疑是个深刻的现实主义诗人,但若细审他的创作,又会发现,其中又透发着一股浓郁的浪漫主义气息。如他的《野田黄雀行》《鰕䱇篇》等名作或采用比兴象征的艺术手法,或运用寓言结构形式,来表现自己的内在思想情感,这种将动植物拟人化的特色正是《庄子》寓言的重要表现形式。虽然曹植的这些诗歌创作在艺术风格上与《庄子》散文完全不同,但其基本的抒情表意的手法都是相通的。至于曹植创作的大量的游仙诗如《升天行》《仙人篇》中所表现的浓郁的仙风道骨,说其受到过《庄子》中关于道境和"至人""真人"的描写的启示,也应是客观的事实。不过,在曹植的创作中最值得注意的应是《鹞雀赋》和《髑髅说》。这是两篇既具有浓郁的浪漫主义色彩又有寓言特点的赋。《鹞雀赋》主要描写"鹞欲取雀",雀与之进行生死搏斗的故事。赋主要采用拟人化和象征的手法,通过对话和叙述相结合的行文方式,形象地展示了雀与鹞抗争的场面。显然,这是曹植的自况自拟之作,表现了他被迫害被压抑、生活维艰生命维难的困苦境地。这篇赋无论是总体构架或是那谐谑成趣的表现风格,都可说明显地受到了《庄子》文风的影响。曹植的《髑髅说》也是一篇非常奇特、充满浪漫主义色彩的作品。这篇文章写曹子(实际是曹植自指)"游乎陂塘之滨,步乎蓁秽之薮",在路旁边遇到了一个髑髅,即死人的头骨,便伏轼而问他:你是为国捐躯而死的呢，还是因为病而死的呢？抑或是寿终而正寝？接着阐发了"死生之说"。最后曹子告诉髑髅："予将请之上帝，求诸神灵，使司命辍籍，反子骸形。"意思是说我去告诉天帝让你重新回到人世间怎么样。髑髅却回答说："何子之难语也。昔太素氏不仁，无故劳我以形，苦我以生。今也幸变而之死，是反吾真也。何子之好劳，而我之好逸乎？子则行矣。"意思是说我活着汲汲皇皇，甚感劳苦，今天终于因死而归真，你何必多事而让我再生呢？读这篇文章，使人很自然地想到了《庄子·至乐》篇中"庄子见髑髅"的一则寓言：

> 庄子之楚，见空髑髅，髐然有形。撽以马捶，因而问之，曰："夫子贪生失理，而为此乎？将子有亡国之事，斧钺之诛，而为此乎？将子有不善之行，愧遗父母妻子之丑，而为此乎？将子有冻馁之患，而为此乎？将子之春秋故及此乎？"于是语卒，援髑髅，枕而卧。夜半，髑髅见梦曰："子之谈者似辩士。视子所言，皆生人之累也，死则无此矣。子欲闻死之说乎？"庄子曰："然。"髑髅曰："死，无君于上，无臣于下；亦无四时之事。从然以天地为春秋，虽南面王乐，不能过也。"庄子不信，曰："吾使司命，复生子形，为子骨肉肌肤，反子父母妻子闾里知识，子欲之乎？"髑髅深矉蹙頞曰："吾安能弃南面王乐而复

为人间之劳乎？"

两相比较可以看出，它们不但在创作构思、思想情趣、拟人化手法等方面极其相似，而且在情态形象的刻画上也极其相似。很显然，曹植的《髑髅说》是从《庄子》中"庄子见髑髅"的寓言演化出来的，至少说是一篇模拟之作。只是由于时代环境的不同，曹植给它注入了一些新的思想感情，那就是曲折地反映了自己被迫害的处境和精神上的沉重压抑。

阮籍的诗文创作中也是处处透射出一股浓烈的浪漫气息的。作为正始时期著名的诗人、名士、玄学家，阮籍的为人为文都深受庄子的影响。他不但在生活方式、处世态度、思想情趣上服膺老庄，而且在诗文的艺术表现上也自觉地学习《庄子》。陈寿《三国志·王卫二刘傅传》说："（阮）瑀子（阮）籍，才藻艳逸，而倜傥放荡，行己寡欲，以庄周为模则。"刘永济《十四朝文学要略·魏晋之际论著文之盛况》说："阮嗣宗与嵇叔夜，虽同称好庄老，而嵇生之论如《难张辽叔宅无吉凶摄生论》《答张辽叔释难宅无吉凶摄生论》《声无哀乐论》等文，析理周密，可称附会辞义之文。阮生之《达庄论》，旨远辞丽，而精核逊康，似嵇兼名法，阮纯老庄。"阮籍的《咏怀诗》主要抒发了诗人的忧生伤世之痛，悲天悯人之哀和超尘脱俗之想，写法上主要采用寓意象征的手法，"言在耳目之内，情寄八荒之表"(钟嵘《诗品》),"响逸而调远"(《文心雕龙·体性》),具有一种苍凉空旷、高古浑深又兴寄无穷的艺术特色。陈祚明《采菽堂古诗选》卷八曾评论说:"阮公《咏怀》,神至之笔。观其抒写,直取自然,初非琢炼之劳,吐以匠心之感……错出繁称,辞多悠谬;审其大旨,始睹厥真。"王夫之《古诗评选》也说他的诗"取神似于离合之间,大要如晴云出岫,舒卷无定质"。这些评论都充分说明阮籍的诗歌是充满浓郁的浪漫色彩的。如:

  于心怀寸阴,羲阳将欲冥。挥袂抚长剑,仰观浮云征。云间有玄鹤,抗志扬哀声。一飞冲青天,旷世不再鸣。岂与鹑鷃游,连翩戏中庭。(《咏怀》其二十一)

  危冠切浮云,长剑出天外。细故何足虑?高度跨一世。非子为我御,逍遥游荒裔。顾谢西王母,吾将从此逝。岂与蓬户士,弹琴诵言誓。(《咏怀》其五十八)

而最能体现阮籍创作浪漫色彩的还应属他的《大人先生传》《猕猴赋》《清思赋》等。《猕猴赋》是一篇咏物赋,刻画了一个"姿便捷而好技","形乖殊而不纯",又"性褊浅而干进"的猕猴形象,实际是比喻和象征那些贪求利欲、献技逞巧、人面兽心的小人,即竞利趋名的礼法之士。

这篇赋极富有讽刺性。从整篇构思来看，它主要采用寓言形式和拟人手法，想象奇特而生动形象，语言清畅而不失谐谑，深得《庄子》散文的神韵。他的《大人先生传》也是一篇非常奇特的作品。这篇赋描写了一个超脱现实、神游四方天地之外的大人先生的形象。这个大人先生，马积高《赋史》说实际是"《庄子》书中所描写的真人、神人的进一步艺术化、形象化"。就创作特色来看，这篇赋规模宏大，形式洒脱，想象丰富奇特，境界宏肆诡奇，幻想成分异常浓厚，处处表现出一种浓郁的浪漫色彩，同时，还具有强烈的讥世讽俗的意味。如他把那些礼法君子，比喻成依附在裈中的虱子，就是后人经常称道的一个突出的例子。总之，阮籍的《大人先生传》是一篇极富浪漫主义色彩的名作，无论是创作精神还是创作手法创作风格，都深刻而鲜明地受到了《庄子》文风的影响。

　　与阮籍齐名的嵇康的创作也是具有这种特色的。鲁迅《魏晋风度及文章与药及酒之关系》一文中曾说："嵇康的论文，比阮籍更好，思想新颖，往往与古时旧说反对。"关于嵇康文章的强烈的批判精神，前面已有介绍。从艺术风格上看，嵇康文章受《庄子》影响最深的是它那辛辣的讽刺艺术和遇情便出、无所顾忌的肆性畅怀的精神。嵇康的文章比喻巧妙，气势酣畅，包之以气，运之以情，抒性情痛快淋漓，讥世俗入木三分，嬉笑怒骂皆成文章。陈绎曾说："嵇康人品胸次高,自然流出。"(《诗谱》)如他的著名文章《与山巨源绝交书》,不但描写了自己疏懒、蔑视礼俗的个性,而且对山涛也进行了辛辣的讥嘲。如果把嵇康的《与山巨源绝交书》《释私论》《管蔡论》等文章同《庄子》中的《胠箧》《骈拇》等篇合读,可以说在艺术神韵上是极其相似的,具有共同的艺术特点。

西晋太康时期的左思也是魏晋时期深得庄子艺术精神的一个著名诗人。他的《咏史》诗不但具有强烈的批判精神,而且也流溢着浓郁的浪漫气质。如其五:"皓天舒白日,灵景耀神州。列宅紫宫里,飞宇若云浮。峨峨高门内,蔼蔼皆王侯。自非攀龙客,何为欻来游?被褐出阊阖,高步追许由。振衣千仞冈,濯足万里流。"这浩阔的胸次,高旷的逸气,"造语奇伟,创格新特"(胡应麟《诗薮》)的浪漫主义精神的表现,不正与《庄子》有异曲同工之妙吗?左思生活在门阀士族把持朝政的西晋社会,他的《咏史诗》借咏史以咏怀,表现了他蔑视权贵、傲岸不群的个性,字里行间包孕着一颗激荡着的庄子的心灵!

浪漫主义精神是庄子散文独特艺术风格的基础,没有此,《庄子》便不成为《庄子》。但同时也应看到,《庄子》独特的艺术并非仅仅具有浪漫奇特的风格,它那幽默谐谑的语言,那讥世消俗、辛辣巧妙、生动有趣的讽刺艺术,和它那寄想天外、信手拈来的寓言运用,都共同促成了《庄子》散文独有的浪漫主义特色。曹植、阮籍诗文中采用的寓言结构形式和想象奇特丰富的构思方法以及所表现出的明显的浪漫主义情调,都是同《庄子》的浪漫主义息息相通的。而阮籍的《大人先生传》、嵇康的《与山巨源绝交书》,还有鲁褒的《钱神论》等作品中那强烈辛辣的讽刺艺术,以及有些作品中近乎悠谬的语言风格,显然也是从《庄子》那里继承过来的。从此角度来看,魏晋文人的创作多方面受到了《庄子》散文艺术风格的影响,魏晋文学可以说是庄学艺术精神复兴的直接受益者!

当然,说他们受到了《庄子》的影响,并不是说他们没有受到其他文学创作传统的影响。如曹植、左思的诗都透射出对理想的执着追求和对现实功名的极大关注。这说明他们在受到《庄子》浪漫主义影响的同时,也深刻地受到了屈原浪漫主义的影响。事实上也是如此。经过魏晋文人的不断创造和发展,屈原与庄子两种不同的浪漫主义风格开始趋向合流,而它的最高表现就是盛唐时出现的我国诗歌史上伟大的浪漫主义诗人李白的作品。

李白是继屈原之后我国文学史上又一个伟大的浪漫主义诗人,为我国古典诗歌艺术的发展作出了杰出的贡献。他继承和发展了庄子和屈原的浪漫主义文学传统,把浪漫主义文学创作推向了一个新的高度。殷璠《河岳英灵集》说:"李白性嗜酒,志不拘检,常林栖十数载。故其为文章,率皆纵逸,至如《蜀道难》等篇,可谓奇之又奇,自《骚》(即屈原《离骚》)人以还,鲜有此体调也。"徐而庵《说唐诗》说:"吾尝谓作古诗长篇,须读《庄子》《史记》。子美(即杜甫)歌行,纯学《史记》;太白(李白)歌行,纯学《庄子》。"宋人杨万里也说:"李太白之诗,列子之御风也。"(以上并见王琦注《李太白全集》附录四)龚自珍《最录李白集》更是明确地说:"庄屈实二,不可以并;并之以为心,自白始。"这些评论都明确地指出了李白的浪漫主义诗歌风格同庄子、屈原的深刻关系。

李白的诗想象丰富,善于借助幻想和神话传说组成一幅幅瑰丽超奇的艺术画面,给人以强烈的艺术感染。《蜀道难》《远别离》《梦游天姥吟留别》等诗都是这方面很典型的作品。如《梦游天姥吟留别》中对梦中仙境的描写:

> 我欲因之梦吴越,一夜飞度镜湖月。湖月照我影,送我至剡溪。谢公宿处今尚在,渌水荡漾清猿啼。脚著谢公屐,身登青云梯。半壁见海日,空中闻天鸡。千岩万转路不定,迷花倚石忽已暝。熊咆龙吟殷岩泉,栗深林兮惊层巅。云青青兮欲雨,水澹澹兮生烟。列缺霹雳,丘峦崩摧,洞天石扉,訇然中开。青冥浩荡不见底,日月照耀金银台。霓为衣兮风为马,云之君兮纷纷而来下。虎鼓瑟兮鸾回车,仙之人兮列如麻。

整个诗描写谓奇瑰丽，飘奇宏肆，气势滚涌，给人以目眩神迷、绕梁三日的艺术美感。

李白诗歌还善于运用大胆的夸张，形象生动的比喻，开门见山、突兀飞来的抒情方式展现自己或喜或乐或悲或哀的丰富复杂的内心世界。在李白的笔下，山川草木无不有情，日月星辰无不有灵；情之所寄，无处不到。写瀑布是"飞流直下三千尺，疑是银河落九天"，写惆怅是"白发三千丈，缘愁似个长"，写严寒是"燕山雪花大如席"，写思情是"狂风吹我心，西挂咸阳树"。李白的诗情仿佛从天外来，笔冲云霄去，跳荡多变，开合自如，幻想与夸张并举，拟人和想象齐发，雄奇飘逸，高远超迈。清人方东树《昭昧詹言》卷十二曾说："太白诗与庄子文同妙，意接词不接，发想无端，如天上白云，卷舒灭现，无有定形。"读李白的诗犹如大海畅游，仙山觅宝，令人神超气清，志动精摇。"李杜文章在，光焰万丈长"（韩愈《调张籍》），李白不愧是一个天才的诗人，李白的诗不愧是我国诗史上浪漫主义的旷古绝作！

北宋著名文学家苏轼的创作，无论是艺术手法还是创作风格也是深得《庄子》散文神韵的。苏轼的大多诗歌创作都具有挥洒自如、自由奔放的风格，或以奇特丰富的想象，或用出人意表的夸张，或借物作喻，寓理于景，文理自然，逸态灵动，再加上他又善于"借禅以为诙"，所以，苏轼的诗是很富有浪漫主义色彩的。《望海楼晚景》《八月十五日看潮》《游金山寺》等都是苏轼这方面的名作。尤其是苏轼笔下的许多"梦诗"，如《十一月九日夜梦与人论神仙道术因作一诗八句》《石芝》《行琼儋间肩舆坐睡，梦中得句云，千山动鳞甲，万谷酣笙钟，觉而遇清风急雨，戏作此数句》，不但充满老庄思想情趣，而且艺术境界也是同老庄玄蕴相通的。且看其《九日次定国韵》诗：

> 朝菌无晦朔，蟪蛄疑春秋。南柯已一世，我眠未转头。仙人视吾曹，何异蜂蚁稠。不知蛮触氏，自有两国忧。我观去来今，未始一念留。奔驰竟何得？而起无穷羞。王郎误涉世，屡献久不酬。黄金散行乐，清诗出穷愁。俯仰四十年，始知此生浮。轩裳陈道路，往往儿童收。封侯起大第，或是君家驹。似闻负贩人，中有第一流。炯然径寸珠，藏此百结裘。意行无车马，倏忽略九州。邂逅独见之，天与非人谋。笑我方醉梦，衣冠戏沐猴。力尽病骐骥，伎穷老伶优。北方有云根，寸田自可耰。会当无何乡，同作逍遥游。归来城郭是，空有累累丘。

这首诗不但在写作时用了《庄子·逍遥游》中"朝菌不知晦朔，蟪蛄不知春秋"的典故，而且在思想艺术上也是深得《庄子·逍遥游》的真谛的。"道书世多有，吾读老与庄"（苏辙《和子瞻读道藏》），"庄周世无有，谁识此凝神"（苏轼《书晁补之所藏与可画竹三首》）。《庄子》的浪漫主义艺术风格对苏诗创作的影响是很深的。

有人曾说苏轼的《前赤壁赋》是苏轼散文的代表作，几乎包揽了苏文的主要风格特点。而此文的创作又是同《庄子》有很深的艺术沟通的。文中"哀吾生之须臾，羡长江之无穷"，"盖将自其变者而观之，则天地曾不能以一瞬；自其不变而观之，则物与我皆无尽也"的思想情趣，不但与《庄子》有相似之处，而且艺术风格也是与庄文相通的。谢枋得《文章轨范》卷七曾评论说："此赋学《庄》《骚》文法，无一句与《庄》《骚》相似，非超然之才，绝伦之识，不能为也。"

《庄子》浪漫主义文学传统在中国文学史上的影响绝不仅仅表现在几个大家名家的身上，而是反映在整个中国文学发展的历史长河中。从魏晋志怪、唐宋传奇到明清神魔小说，从神怪文中那荒诞不经的描绘、离奇丰富的幻想到伟大的浪漫主义神话幻想小说《西游记》中神奇瑰丽的虚幻世界的建构、幽默诙谐的语言风格的表现，从游仙诗中仙风道骨的飘逸到山水田园诗中的宁静闲适，《庄子》的艺术精神随处可见，《庄子》的浪漫主义风格时有闪光。限于篇幅，此处不再赘述。

总之，如果我们徜徉在灿烂多彩的古典文学苑囿中，我们随处都可体味到庄学艺术精神的灵动。这些作品或表现出迷离神奇，想象诡谲，夸张生动，比喻鲜活的特色，或是把现实问题采用了超现实的表现。在那里，凝重的世界演化成了自如自然的体验，梦成了社会人生的实在，而实在的社会人生又成了虚幻的不可信的否定对象。他们用一种同儒家迥异的视角来审视自己生活的现实或是按照自己的憧憬来表现自己理想的世界。那是一个想象力的世界，一个大笔抒性灵、恢奇绝尘埃的世界。"《庄》《骚》两灵鬼，盘踞肝肠深。"（龚自珍《定庵文集外编·古今体诗》）庄子、屈原开创的浪漫主义文学传统丰富了我国文学艺术的宝库，其艺术精神作为中国文学的一个光辉传统，将永放光芒。

4.《庄子》与中国古代诗体的发展

《庄子》不但以它独特的思想性和艺术性滋养和影响了中国文学，而且在中国古典诗体的丰富和发展上也作出了重要的贡献。中国古代的游仙诗、玄言诗、山水田园诗的出现，都同《庄子》有密切的关系，尤其是玄言诗、山水田园诗，更是在《庄子》的直接催发下产生的。所以，要了解《庄子》与中国文学的深切关系，这也是一个不可忽视的方面。这里简要地作一介绍。

游仙诗在我国出现甚早。屈原的《离骚》《远游》等作品已有明显的游仙成分杂存其间。据《史记·秦始皇本纪》记载，秦始皇曾让他的博士"为仙真人诗"，"令乐人弦歌之"。此诗今已不存，但从题目来推测，很可能具有游仙的内容。后来在汉乐府中，有关游仙的作品渐次多了起来。《相和曲·吟叹曲》中的《王子乔》《相和歌辞》中的《艳歌》等，都是汉代游仙意识很浓的诗作，尤其是《艳歌》：

今日乐上乐，相从步云衢。天公出美酒，河伯出鲤鱼。青龙前铺席，白虎持榼壶。南斗工鼓瑟，北斗吹笙竽。姮娥垂明珰，织女奉瑛琚。苍霞扬东讴，清风流西歈。垂露成帷幄，奔星扶轮舆。

有游仙路径的描写，有仙境场面的描绘，有神仙生活的表现，有神仙人物心理的刻画，可说是一篇相当成熟的游仙诗。到了魏晋时期，创作游仙诗的就更多了，曹操、曹丕、曹植、阮籍、嵇康、何劭、郭璞等都有大量的游仙诗保存下来。尤其是魏末正始时期的创作，处处飘溢着仙风道骨的气息。所以，梁代著名文艺评论家刘勰评价正始诗歌时说："正始明道，诗杂仙心。"（《文心雕龙·明诗》）意思是说正始诗歌多阐释和表现道（玄）家的思想情趣，其中杂糅着浓厚的神仙思想和仙境描绘。魏晋以后的著名诗人文学家，差不多都写有程度不同的游仙诗。

游仙诗在魏晋时期蔚为大观绝非偶然。它不但同当时学术文化思潮的变化有很大关系，而且同神仙思想的流行、道教的产生都有直接的因素。道教的根本信仰是神仙信仰。前面在讨论《庄子》与道教关系时已指出，《庄子》中是有浓厚的神仙思想的，道教的神仙信仰深受《庄子》的影响。这为游仙诗的产生提供了丰厚的社会思想基础。从游仙诗的具体创作来看，尤其是正始时期的诗作，都明显地将"明道"与"仙心"结合起来，这说明当时文人是将"道"与"仙"同等看待的，仙、道是一体的。仙是形象化了的"得道"者，道即表现于仙的身上或仙境中。游仙的过程也就是悟道的过程，或者说游仙是正始文人悟道体道的性格泛化。由于时代文化氛围的不同，他们将《庄子》中抽象的道转化或形象化为质实可感的"仙"了。如果结合嵇康、阮籍的行为特征、性格特征来看他们的诗作，这一点更清楚。因此，可以说游仙诗作为一种诗情表现形式，它的基本创作心态或者说创作灵境是与《庄子》对道的境界和得道方式的论述相通的。无论是题材内容的表现，还是创作心态、创作灵境、创作方法，都可追溯到《庄子》。《庄子》为游仙诗的产生提供了重要的可资参考的文化原型意象。

玄言诗是指滥觞于魏晋之际，大盛于东晋诗坛的以阐释老庄玄理为旨归，诗风简淡，"理过其辞，淡乎寡味"（钟嵘《诗品》)的一种特殊诗体,代表诗人是东晋的孙绰和许询。玄言诗的出现也同《庄子》有密切关系,甚至可以说玄言诗就是在《庄子》直接催发下的产物。关于玄言诗产生的原因和背景,古人已有精当的论述。沈约《宋书·谢灵运传论》说:

> 有晋中兴,玄风独振,为学穷于柱下,博物止乎七篇,驰骋文辞,义单乎此。自建武(东晋元帝司马睿年号,公元317—318年)暨乎义熙(晋安帝司马德宗年号,公元405—418年),历载将百,虽缀响联辞,波属云委,莫不寄言上德,托意玄珠,遒丽之辞,无闻焉尔。

"柱下"指老子,"七篇"指《庄子》内篇。这段话是说东晋建立以后,治学专以玄学为宗,目的在于穷究老庄的学说,因此,当时文人所作文辞也尽在阐释玄理。虽诗作不少,但义拘一揆,先前遒劲之文再也见不到了。稍后于沈约的刘勰其看法与此相近,《文心雕龙·时序》说:

> 自中朝(西晋)贵玄,江左(东晋)称盛,因谈余气,流成文体。是以世极迍邅,而辞意夷泰,诗必柱下之旨归,赋乃漆园之义疏。

漆园即庄子。这里更明确地指出玄言诗是由于玄学大盛,"因谈余气,流成文体"的,其内容也是"托意玄珠",

以阐释老庄之言为主。先贤的这些评论很简括精要地指出了《庄子》同玄言诗的关系。

关于山水田园诗的兴起相对来说较玄言诗的出现复杂一些。刘勰《文心雕龙·明诗》谈到这类诗体时说:"宋初文咏,体有因革,庄老告退,而山水方滋。"意思是说诗歌创作到了晋宋时期,一方面仍因袭着前代诗歌创作的余气,另一方面又有革新。老庄思想在诗中的表现渐次退去,山水形态的描写逐渐占据诗的主导地位。实际上远非如此简单。从诗史的角度来看,并非"庄老告退"才"山水方滋"的,而是庄老未退,山水已滋。山水田园诗是从玄言诗中走出来的。玄言诗尽管有许多不称人意的地方,但有一点是值得肯定的,即玄言诗在创作时为了说明抽象的玄理,往往借山水景物来表现。就是说玄言诗的作者常常是通过山水来参悟玄理的。这必然使畅玄谈玄之际表现出明显的山水成分。如王玄之的《兰亭诗》:

松竹挺岩崖,幽涧激清流。消散肆情志,酣畅豁滞忧。

再如孙绰的《兰亭诗》:

流风拂枉渚,停云荫九皋。莺语吟修竹,游鳞戏澜涛。携笔落云藻,微言剖纤毫。时珍岂不甘,忘味在闻韶。

这些诗歌虽以畅玄为主，但已处处映现出山水的影子。他们在创作上主要采用的是将抽象的玄理寓于质实可感的山水形象之中，即目击道存的手法，这就为纯山水景物的描绘开启了一条必由之路。到了谢灵运那里，山水景物开始逐渐地占据了诗的主导方面。经过谢朓、何逊等人的创作，山水诗基本定型。到唐代便出现了以王维、孟浩然为代表的山水田园诗派。

如果考察山水田园诗的发展的话，可以发现它是沿着两条线索发展下来的。从观念演化来说，正始文人倡导的"越名教而任自然"的生活方式和处世态度直接刺激了魏晋文人"自然观"的变化。"自然"有双重含义：一是自然而然的意思，是一种思想行为的特征表现；二是指真实的大千世界，即自然界。"任自然"既要求自然而然地生活，同时也要求与大自然合一，从大自然中领悟自然而然的生活规则。如果说正始文人还主要是从第一义理来要求的话，那么东晋文人已渗合进了第二义理的气质。东晋文人对自然是非常钟情的。《世说新语》中有许多这方面的描写。在他们看来只有体察自然，置身于自然之中，才能真切感悟自然的性灵，也才能自然而然地生活，即追求一种"消散肆情志"的生活实践和生活情趣。自然景物在他们的生活中就占有很重要的地位。这为山水田园景物入诗准备了必要的思想条件。从景物描绘来说，山水景物的表现大致经历了由苑囿山水走向自然山水的过程。（参阅王利锁《试论建安时期的宴游诗》，《江汉论坛》1990年第11期）这两条线索在东晋诗人那里基本上开始合流，到了谢灵运而趋向成熟，最终形成了山水诗的大盛。正由于山水田园诗的产生是在描写对象和表现观念上逐渐合流，而又是要具体展现一种审美情趣的，所以山水诗从它产生的那天起就不是为山水而山水，而是在传导一种置身其间、直观感悟的审美情趣。也就是说，写山水不过是写性灵的一种手段而已。魏晋南北朝的山水诗是如此，后世山水诗也莫不如此。而这一点正是受到了《庄子》艺术精神的启发。因此，可以说没有庄学精神在魏晋时期的兴盛，也就不可能有此时期山水诗的大兴。山水诗发展是与庄学精神在当时的发展同步的。

以上我们简略地描述了《庄子》对中国文学的影响。当然，作为一部博大精深的著作，《庄子》对中国文学的影响远非这几个方面，但仅从以上的勾勒中也足以说明《庄子》在中国文学史上的地位。作为中国元典文化之一的《庄子》，它不但对古代文学，而且对现代文学乃至未来文学的发展，仍还会产生深远的影响。《庄子》当之无愧是一部意蕴丰厚、取之不竭的文化元典，一部意味隽永、魅力无限的文学经典。

八 《庄子》与中国传统医学

中国传统医学即中医学，是在中国丰厚久远的历史文化传统中形成并发展起来的，具有较完整系统的理论和丰富的临床实践经验的一种医学体系。千百年来，中医学史上涌现出了像《黄帝内经》《伤寒杂病论》《千金方》《难经》《本草纲目》等具有重大影响的医药学巨著，造就了华佗、张仲景、葛洪、孙思邈、王冰、李时珍等名在当代，功垂千秋的医药学家。中医药学以它卓越的应用性为增强中华民族的身体素质作出了重要的贡献。

由于中医学是以中国传统文化、哲学思想为基础建立起来的，所以，中国传统医学理论、性质、特点及治疗方法都无不深深地打上了中国文化的烙印。诚如有些中医学理论家所指出的："中医学是从中国古代哲学中分化出来的，是以中国古代哲学为理论基础而形成的一种医学理论体系。要研究中医理论的形成机制,就不能不研究中国古代哲学对于中医理论形成的作用。"(李经纬等《中国古代文化与医学》)这说明中国传统医学与中国哲学之间有着天然的血缘关系。在中医理论中,我们随处都可看到儒、道、阴阳等家哲学思想在其中的表现和应用,尤其是道家哲学更为突出。《庄子》作为中国古代哲学的重要著作、道家哲学的代表作,自然也同中医学有着密切的关系,为中医理论的形成和完善作出了一定的贡献。

本节目的不在于探讨中医理论的形成机制及《庄子》的确切具体的作用如何,而是欲通过对《庄子》与中国传统医学的基本关系的勾勒描述,借以显现《庄子》在中国文化思想史上的地位,说明《庄子》作为中国元典文化的代表著作,它对中国医学文化的发展和丰富是发挥了重要影响的。

1.《庄子》与中医学基本理论

中医学作为一门学科在我国产生甚早。在古代典籍文献中就有神农尝百草、伊尹创始汤液的记载。这虽不可以视作祖国传统医学的开端,但它起码说明早在上古时期,医学已在人们的日常生活中占据一定的地位。《吕氏春秋·古乐》有这样的记载:"昔陶唐氏之始,阴多滞伏而湛积,水道壅塞,不行其原,民气郁阏而滞着,筋骨瑟缩不达,故作为舞以宣导之。"大意是说唐尧虞舜时期,由于水道不通,阴湿积深,对人民身体多有伤害,当时便有人提倡以跳舞的方式来疏导身体,使血脉通达,阴气排泄,以利健康。这里所说的"为舞以宣导之",不仅仅是乐舞祭祀的仪式,就其实用性而言,亦可视为一种肢体运动医学。经过不断的发展,它形成了后世的一种"导引术",在传统保健医学中占有重要地位。这种方法也就是《庄子》中所说的"导引之士"们所经常演用的那套功术。中医学作为一门学科,它的正式创立虽由于史料的阙如不可详切判定,但其较完整而系统的中医学理论,一般说来是在战国至迟到秦汉之际就已经形成并日趋成熟,其具体的标志就是《黄帝内经》的出现。《黄帝内经》是我国现存最早的一部古典医学巨著,它奠定了后世中医学理论的基础。中医学的阴阳五行学说、藏象学说、气化运气学说、病机病理学说、诊治法则等基本理论,在此书中都有深入的探讨和论述。时至今日,中医学的基本理论大体上仍是沿循《黄帝内经》而发展的。如果考察《黄帝内经》的医学理论体系就可以发现,它在许多方面都同《庄子》和道家思想有深刻关系,受到了老庄道家思想的影响。其实,不仅《黄帝内经》是如此,其他医学经典也大凡如此。如果我们了解一下华佗、张仲景、葛洪、陶弘景、孙思邈等著名医学家的生平和思想的话,可以发现,他们本身或是道士,或对道家思想非常崇拜，都是具有明显的道家色彩的人。因此可以说，老庄道家思想是中国传统医学很重要的理论观念来源。

中医学的基础理论是阴阳五行学说。中医即是根据这一理论来解释人体的生理病理现象，以及分析归纳疾病的类型，并作为预防、诊断、治疗的依据的。在中医学看来，"人与天地相应"（《灵枢·邪客》），天地的基本构成是阴阳，《素问·阴阳应象大论》中说："阴阳者，天地之道也，万物之纲纪，变化之父母，生杀之本始，神明之府也，治病必求于本。"即阴阳是天地之基本要素，是一切事物的纲纪，是千变万化的根源，是生杀长灭的根本。人本身也是由阴阳所感而构成的。《素问·金匮真言论》说："夫言人之阴阳，则外为阳，内为阴。言人身之阴阳，则背为阳，腹为阴。言人身之脏腑中阴阳，则脏者为阴，腑者为阳。"阴阳充填人身体的上下内外。人之所以会有疾病是因为人本身阴阳失调的结果，所以《素问·阴阳应象大论》中说："阴胜则阳病，阳胜则阴病。"《素问·调经论》中更明确地指出："阳虚则外寒，阴虚则内热；阳盛则外热，阴盛则内寒。"因此，人要想骨强筋健，康壮长生，就应"法于阴阳，知于术数，食饮有节，起居有常，不妄作劳，故能形与神俱，而尽终其天年"（《素问·上古天真论》），也就是说要"合于道"，"知道"，勿"耗散其真"（《素问·上古天真论》）。

从治疗上说，中医也把阴阳作为八纲的总纲来看待，认为"善诊者，察色按脉，先别阴阳"（《素问·阴阳应象大论》）。

中医学关于阴阳理论的看法及其对病机病理的解释明显地受到了老庄道家思想宇宙本体论和认识论的影响。老庄虽以"道"为最高的宇宙本体，但对阴阳关系也是极其重视的。《老子》中就明确地指出："万物负阴而抱阳，冲气以为和。"《庄子·则阳》也说："阴阳相照，相盖相治；四时相代，相生相杀。"意思是说阴阳是相互作用，是相互消长的，四时循环，相生相杀。在《庄子》看来，大自然即天地是和谐一体的，气运其中，四时调畅，"阴阳四时运行，各得其序"（《知北游》），人也应法天地自然之道，不但随顺自然的"阴阳和静"（《缮性》），而且人自身也要做到"阴阳和静"。也就是说人只有同天地的"本根"同步相应，才能"四肢强，思虑恂达（通达），耳目聪明"。不难看出，中医正是吸取了老庄道家宇宙本体论和认识论的思想来建构它的天人同构和应的医学理论体系的，它把老庄道家的宇宙本体观念应用在对人体的医学实践和认识上，认为人本身即是一个小宇宙，这个小宇宙必须与天地大宇宙相谐合，才能生命长久，四体康健。也正是从此处我们可以看出，阴阳观念在中国文化中的根深蒂固。

中医学的气化气运精气学说同《庄子》也有密切的关系。中医认为"人以天地之气生"（《素问·宝命全形论》），在《素问·金匮真言论》中也说："夫精者,身之本也。"《素问·上古天真论》中说："呼吸精气,独立守神。"《灵枢·本脏》又说："人之血气精神者,所以奉生而周于性命者也。"可见在中医学看来,精与气是一致的,精、气、神是人生命存亡的关键所在。正因为此,所以中医学认为,人之所以不得病,不为疾病所困扰,主要是人能做到"恬淡虚无,真气从之,精神内守"(《素问·上古天真论》)。这里说的"真气"即是上面说的"精气"。因此,中医强调人要保持原气,要会营气、卫气。《素问·热论》说:"营卫不行,五脏不通。"可见,精气的概念在中医学中占有很重要的地位。

中医学的这个看法很显然是把人生看作是气化气运的结果,而这种思想观念正是从《庄子》中衍化过来的。《庄子》即认为,人的生死是一种气化的结果。《知北游》中说:"生也死之徒,死也生之始,孰知其纪？人之生,气之聚也；聚则为生,散则为死。"在《庄子》的作者看来,人不过是通于天下之一气耳,人的生死变化是气的聚散,"已化而生,又化而死"。既然有一种气左右着人的生命,那么人就应该认识到"精神生于道,形本生于精,而万物以形相生",也就是说人应意识到生命是精气运化的结果。因此,《庄子》强调人要想在世上长久地生活,就必须"澡雪精神",勿劳人形,勿摇人精,只有这样才能"处物不伤物","物亦不能伤"。可以看出,中医学上所说的"宗气""卫气"等即是《庄子》中所说的"养神之道"的进一步发展。中医学正是把《庄子》对人的生死气化的认识运用在了医学理论实践之中，以人的气化的观点来解释疾病的成因，作为其理论前提的。这说明，中医学在建立它自己的理论体系时，自觉地借鉴和吸收了《庄子》的人生气化的说法，并应用于医疗实践中，形成了中医独特的关于气的学说。

《庄子》同中医学中的经络学说也有关系。《庄子·养生主》说："缘督以为经，可以保身，可以全生，可以养亲，可以尽年。"这里所说的"缘督"的"督"，即是中医学上所说的"督脉"，为奇经八脉之一。《素问·骨空论》说："督脉者，起于少腹以下骨中央。"《灵枢·本输》说："七次脉，颈中央之脉，督脉也，名曰风府。"中医对经脉是很重视的，《灵枢·经脉》说："经脉者，所以能决死生，处百病，调虚实，不可不通。""不可不通"就是要"缘督以为经"，使气脉畅通。这说明《庄子》中对经脉的认识是很深刻的。至于这里包含的有关气功的见解，我们下面再谈。

总之，《庄子》与中医学基础理论的关系是很密切的，《庄子》中的有关论述都为中医学所借鉴和吸收，成了医学理论中的基础。

2.《庄子》与气功医学

谈《庄子》与中国传统医学的关系,不能不谈《庄子》对中国气功医学的影响。

我国是气功的故乡,气功在我国有着久远的历史。在中国浩瀚的古代典籍中,有关气功的记述和论著多不胜数。当你清晨即起,到公园里、绿茵上或是大道上散步的时候,你一定会见到许多男男女女、老老少少,沐浴晓风,身披霞光,闭目凝神,沉浸在气功的练养之中。气功的兴起不是偶然的,它说明人们在基本解决了温饱的物质生活之后,又在追求更高的精神生活的满足,说明了人们对自身生命的密切关注。在今天,气功已成了人们修身养性,强筋健骨的既普遍简易又功效甚大的方法。

气功是一种保健医学,也是人体科学的重要组成部分。《庄子》描绘了许多"至人""神人""真人"的形象,他们大都有异乎常人的本领。这些神人、至人的超常处正是因为他们在生活方式上同常人不一般。《庄子》中的这些描写有许多应当说是今天气功的前身,《庄子》也因其是一部关于人生精神的著作而得到了气功家们的青睐。《庄子》有关神人的见解,成了中国后世气功医学的很重要的依据,甚至说是中国气功医学的主流。

老庄道家是特别重视人的精神的,也是以贵生、养生为最高的人本位的。这就使老庄道家在探讨人生精神时，不能不去关注人的精神气质对生命的决定作用，这些理论就成了我国最早的关于气功的论述。在道家的开山祖师老子那里，已有这方面的论说。如他强调"专气至柔"，"柔弱胜刚强"，人应"至虚极，守静笃"，才能"载营魄抱一"，保持生命之气的恒存。《庄子》中关于这方面的论述就更多了。《庄子》特别强调"贵精""养神""守形""长生"。在《人间世》中，借孔子的话说："若一志，无听之以耳而听之以心，无听之以心而听之以气，耳止于听，心止于符。气也者，虚而待物者也。唯道集虚。虚者，心斋也。"气是生命流运的本源，人必须练气才能健身，这里关于"气"的"心斋"方法即是一种气功方法。《庄子·大宗师》中的"坐忘"也是如此。它们都强调气在人的生命中的作用，认为人必须守气入静，勿耗真气。"心斋""坐忘"实际上即指的是气功高度入静时的一种精神状态。在《庄子·在宥》中对这种功法的规定、要求和目的讲得更是明白清楚。文中记载黄帝问广成子："治身奈何而可以长久？"也就是说人如何才能健康长寿，广成子回答说：

> 无视无听，抱神以静，形将自正。必静必清，无劳汝形，无摇汝精，乃可以长生。目无所见，耳无所闻，心无所知，汝神将守形，形乃长生。

在这里《庄子》以寓言的形式,不但论述了视、听、心、形、神在作气功过程中的具体的规定和要求,而且明确指出练修这套功法的目的是"长生"。通过上面的引述可以看出《庄子》有关气功的要求:一是要人内心保持平静,不为外物所扰,要忘却世间的一切名利、祸福、荣华,先形成一种心理的隔绝状态;二是要抱神以静,使自己的精神进入一种高度入静的状态,不但忘却世间的一切,而且连自身的存在也要忘掉,达到物我两忘、天人合一、气混天地的无何有状态;三是注意气息的调运和意念的专一。关于调气运气,《庄子》的"缘督以为经"可以说是一个很典型的例证。王夫之在解释此话时说:"奇经八脉,以任督主呼吸之息;身前之中脉曰'任',身后之中脉曰'督'。督者,居静而不倚于左右,有脉之位而无形质。'缘督'者,任清微纤妙之气,循虚而行。""奇经八脉"是中医学中很重要的经络学说,这里说"循虚而行",实际上即指气功中的运气行气之法。尽管《庄子》的所有这些论述,其初衷并不在于对气功本身的论述,目的是为其说明"道"而服务的,但它阐述的方法和具体要求却是同气功有直接关系的。这些方法后来都成了中国气功医学中的很重要的方法,是中国传统气功医学的重要内容。

中医气功医学也特别强调守神调息、运气固形对人体健康的意义。《千金方》说:"气息得理,即百病不生。"《养性调气论》中更是明确地说:"和神导气道……耳无所闻,目无所见,心无所思。"这实际上同《庄子》的论述是一致的。中医学将此理论引入了治疗实际中,认为人若有疾病,可通过气功的方法来矫正。《内经》中说:"肾有久病者,可以寅时面向南,净神不乱思,闭气不息七遍,以引颈咽气顺之,"病即可愈。陶弘景《养性延命录》中也有相类似的记载:"闭气不息于心中,数至二百,乃口吐气出之,日增息,如此身神具,五藏安。"中医的有关气功医学的论述无论是功法的要求还是在思想观念上都是同《庄子》中的论述相通的,这说明中国气功医学在建立它的气功方法时,是受到了《庄子》的影响的。

气功医学说到底是一种养生学,属于保健医学的范畴。这类气功大都以静功为主,要求练功时精神专注,心意合一,守气调息,以此来协调自身的生理关系,使阴阳和谐,最终实现益寿延年的目的。从功法上看,它们都具有静、柔、慢、深、长的特点。气功的这些观念从最深刻的意义上说,它是以老庄道家的虚静贵柔的思想为基础的。可以毫不夸张地说,庄子是我国最早的气功理论家和实践者之一,《庄子》一书是我国现存最早的一部较有系统地指导或论述气功的著作。

3.《庄子》与中医养生学及其他

在中国现存的最早的医学经典文献《黄帝内经》的第一篇《上古天真论》中，开头有这样一大段的记载：

> 昔在黄帝，生而神灵，弱而能言，幼而徇齐，长而敦敏，成而登天。乃问于天师曰："余闻上古之人，春秋皆度百岁，而动作不衰；今时之人，年半百而动作皆衰者，时世异邪？人将失之邪？"

> 岐伯对曰："上古之人，其知道者，法于阴阳，知于术数，食饮有节，起居有常，不妄作劳，故能形与神俱，而尽终其天年，度百岁乃去。今时之人不然也，以酒为浆，以妄为常，醉以入房，以欲竭其精，以耗散其真，不知持满，不时御神，务快其心，逆于生乐，起居无节，故半百而衰也。"

> 夫上古圣人之教也，下皆为之。虚邪贼风，避之有时，恬惔虚无，真气从之，精神内守，病安从来？是以志闲而少欲，心安而不惧，形劳而不倦，气从以顺，各从其欲，皆得所愿。故美其食，任其服，乐其俗，高下不相慕，其民故曰朴。是以嗜欲不能劳其目，淫邪不能惑其心，愚智贤不肖，不惧于物，故合于道。所以能年皆度百岁，而动作不衰者，以其德全不危也。

此处之所以不厌其烦地引了这么长一大段文字，是因为觉得它讲的道理对于今天的人们仍有启发和参考的价值。这段话的大意是黄帝问天师岐伯："听说古时候的人，年龄超过百岁还看不出衰老的征象；而现在的人刚过了五十岁就明显看出衰老的征兆了。这是因为环境时代不同了呢？还是今天的人们失去了养生之道？"岐伯回答说："上古的人都懂得养生的道理，他们效法阴阳自然，了解养生的术数；生活上能够饮食有节制，作息有规律，不为烦琐的事操劳，保持形体与精神的相称合一。现在的人饮酒无度，好逸恶劳，而且还在饮酒过度时滥行房事，纵情色欲，耗尽了自己的精气；他们不知道保养自己，只顾贪图一时的快乐享受，作息也没有规律，因此年过半百就衰老了。"

《黄帝内经》的这段记载给了我们如下的启示：首先，它说明中国传统医学即中医学自它建立的那天起，就是非常注重和强调养生的。其次，它还说明在远古的时候，中国人已对人的生命本身有了朦胧的意识，也就是说中国传统医学是在关注人的生命现象的基础上建立起来的，如何使生命长久是中医理论探讨的根本问题。

在《庄子》中，养生思想也是一个很重要的方面。上面在谈《庄子》与气功医学时所涉及的问题实际上都是养生的问题。在《庄子》看来,人的自然构成无外乎两个方面,即形和神。人之所以不能长生,有很复杂的外在因素在起作用,但从人自身来看,主要是人"多危身弃生以殉物"(《让王》),也就是说人的物质贪婪的欲望太强烈,不能"贵生""重生"。因此《庄子》认为要达到养生的目的,就自身来讲,首先应是"无欲无情",也就是说面对世间的一切都不可太执着,而应是"物物而不物于物","外化而内不化"。另外《庄子》还认为人应保持一种静和平淡的心理,入乎中而超乎外,就像陶渊明所说的"纵浪大化中,不喜亦不惧。应尽便须尽,无复独多虑"(《神释》),顺遂自然,喜、怒、哀、乐不入怀。《庄子》的这些看法,对传统医学中的精神心理医学产生了深刻的影响。中国传统医学也认为过分的喜、怒、哀、乐对人都没有益处。气死周瑜、笑杀牛皋都是这方面很典型的传说。所以,《素问·阴阳应象大论》中说"喜怒伤气,寒暑伤形,暴怒伤阴,暴喜伤阳。厥气上行,满脉去形。喜怒不节,寒暑过度,生乃不固",并具体指出"怒伤肝""喜伤心""思伤脾""忧伤肺""恐伤肾"。中医认为人应该顺应自然季候的变化,依时养生,注重保健,不能因情欲而损大体。《素问·四气调神大论》说:春季,"天地俱生,万物以荣",人就应该"早卧早起,广步于庭,被发缓形,以使志生","此春气之应,养生之道也";夏季,"天地气交,万物华实",人就应该"夜卧早起，无厌于日，使志无怒"，"此夏气之应，养长之道也"；秋季，"天气以急，地气以明"，人就应该"早卧早起，与鸡俱兴，使志安宁，以缓秋刑，收敛神气，使秋气平，无外其志，使肺气清"，"此秋气之应，养收之道也"；冬季，"水冰地坼，无扰乎阳"，人就应该"早卧晚起，必待日光。使志若伏若匿，若有私意。若已有得，去寒就温。无泄皮肤，使气亟夺"，"此冬气之应，养藏之道也"。中医学这种顺依四季变化的养生观念，实际就是道家顺应自然、法天贵真的观念的具体体现。

中国古代不但对养生有非常明确的观念认识，而且还积累了丰富的养生方法，如守一存思、胎息吐纳、服食导引，甚至还有房中术等。关于这样的养生方法，在前面介绍道教时曾有涉及，此处不再赘述。这里需要指出的是，这些养生之法，除去宗教性的宣传和个别现象如房中术外，总的来看是有一定道理的，都基本上属于精神卫生的重要内容。我国古人对"心药"是早有评论的，如清代石天基《却病歌》中就这样说："人或生来血气弱，不会快活疾病作。病一作，心要乐；心一乐，病都却。心病须将心药医……便是长生不老药。"这里的"心病须将心药医"即是指精神疗法，属于一种心理医学。

通过以上的分析可以看出，中国传统医学虽有丰富的卓有成效的医疗经验和效果，但总的来看，中国传统医学更注重的是预防和保健，或者说预防、保健、养生是中医治病的前提。古人对于防治已有很明确的观点，《素问·四气调神大论》中就曾说："圣人不治已病治未病；不治已乱治未乱……夫病已成而后药之，乱已成而后治之，譬犹渴而穿井，斗而铸兵，不亦晚乎！""治未病""治未乱"即是指预防和保健。在中医学看来，人若想要排除病疾，必须防患于未然，这种未治先防的观念也是同中国古代哲学尤其是老庄道家哲学相通的。可以说，中医学的许多方面的理论阐释都可在道家思想中找到根据。

最后我们要指出的是，中国道家思想与中国传统医学特重养生，是同它们对人本体的思索和认识密切相关的。中国古人早已意识到"凡天下人死亡，非小事也，一死，终古不得复见天地日月也，脉骨成涂土。死命，重事也。人居天地之间，人人得一生，不得重生也"，因此，"凡人一死，不复得生也，故当大备之"。(《太平经》卷七二)司马谈《论六家之要指》中也说："凡人所生者神也，所托者形也。神大用则竭，形大劳则蔽，形神离则死。死者不可复生，离者不可复反，故圣人重之。"他们认识到了世人皆知悦生而恶死，而死对人来说是一种永恒的绝对，人最终不可能超越死亡而存在。因此，如何才能使这种绝对表现出一点"相对"的色彩，古人对此苦苦冥思，他们觉得只有通过一种外在于生命的途径，才能拉平生死的界限，延长生命的长度。所以，为了长生、永生，与死亡之神抗衡，我们的先人很早就开始追求"长生久视之道"。道教对神仙的崇拜和认同，《庄子》对道境的体悟和合一，中医学的除疾解患的适时而治，说到底都是对此反思后的一种精神实质的表现,或者说他们"养生""重生""贵生""长生"的思想正是以他们对死亡的觉察为前提的。从这个角度来看，"养生"作为一种"术"，不但具有实践的指导性，而且也具有生命觉醒的意义。这是一种既重视生命又关注宇宙，既充满深沉又表现出奋发的文化精神。因此，可以这样说，无论是老庄道家，还是中国传统医学，它们在最高的精神追求上都带有对人的生命之本思索的意味。

总之，"为寿而已矣"(《庄子·刻意》)，不啻是《庄子》和道家生命精神的鲜明体现，也是中国传统医学最高的人生之"道"！